敦煌石粉彩绘壁画研究与活化

何 鸿　王亚林　编著

中国美术学院出版社

本著作为 2021—2024 年度中国美术学院一流学科建设研创提升项目资助成果

目 录

1		导　言
8	一	地理环境中的敦煌壁画
13	二	历史时空中的敦煌壁画
18	三	敦煌壁画的渊源
24	四	敦煌壁画的地质结构和地仗构造
30	五	敦煌壁画的绘画属性
36	六	石窟内拜佛的秩序
48	七	敦煌壁画颜料的来源
63	八	敦煌壁画的颜料构成：石粉及其他
82	九	敦煌石窟及壁画的作者
94	十	敦煌壁画的题材和内容
104	十一	敦煌壁画的粉本画稿
137	十二	敦煌壁画的颜料氧化问题
145	十三	非遗敦煌石粉彩绘技艺的由来
151	十四	敦煌壁画的绘制技艺
160	十五	敦煌壁画的价值和影响
164	十六	敦煌壁画的创新与活化
177		附录：中国香港《文汇报》对"敦煌古法壁画绘制在江南活化"的采访
185		参考书目
189		附图：敦煌石粉彩绘壁画江南活化历程
208		后　记

导 言

中国绘画存在几大质性系统：绢本（帛、缯、绫等）绘画、纸本绘画、岩（石）画、壁（泥、石等）画、布本（麻布、棉布等）绘画、皮本（牛皮、羊皮等）绘画、木本绘画、砖画、陶画、地画，等等。其中壁画是时间跨度长、体量巨大、面积广布、内容丰富的绘画大系，主要包含石窟壁画、寺观壁画、墓室壁画三个大类。敦煌壁画属于石窟壁画体系，时间跨度有1600多年，目前留存的壁画面积有近45000平方米；如果没有被破坏，那将是一条极其完整、恢弘绚丽的色彩艺术长廊，一个文明交汇衍生的艺术混血儿，美丽又辉煌无比。历朝历代的毁损，令人心痛。因为特殊的地质结构，敦煌石窟与国内其他石窟如麦积山石窟、龟兹石窟、龙门石窟、云冈石窟、大足石窟等相比，表现出其独特的艺术个性，其恢弘的壁画、彩塑独占鳌头。

从视觉艺术的维度看，敦煌壁画图像的色彩是第一视像，正像走进石窟时感受的那样，敦煌壁画像一幅巨大的"色彩交响曲"图像。前秦至北朝的粗犷、奔放、原始与野性风格，色系主要有红色、蓝色、绿色、黑色、白色等。隋唐时期的富丽、鲜艳与华贵风格，色系与前朝差不多类同，色彩比例上稍显不同。五代至元代的雅丽、清新与拙朴风格，色系亦同前朝。清代之后多艳俗与不堪，不足道也。每个时代呈现的冷暖色相也是不一样的。李康敏先生在《敦煌壁画的色彩及其历史流变》一文中谈道："敦煌壁画颜色种类多样，且历经十余个朝代，诸颜色在早期、中期、晚期均有使用。但从具体壁画作品的色彩组成来说，不同时期又有不同的色彩构成模式，如早期石窟中以红、绿、蓝、白为主，到隋唐时期，红色和绿色占大部分，而绿色又是西夏的主要色系。……我们大致将敦煌壁画的色彩细分为三期：一是'域外色彩交融期'，指西域'天竺遗法'的介入；二是'本土色彩繁荣期'，指社会经济繁荣后'颜料获取'条件下的色彩选用；三是'中原画风影响期'，系于文人画影响下社会审美的改变。"

敦煌壁画图像的技法、构图、造型、题材内容等是第二视像。段文杰先生在《漫谈敦煌艺术及其相关问题》一文中说："敦煌壁画之所以具有独特的风格，就是敦煌的画师们创造性地运用了'一源二流'的方法——'一源'就是艺术创作之源，即现实生活。'二流'就是借鉴民族传统和借鉴国外，换句话说，就是古为今用，洋为中用。"

敦煌壁画的技法主要有线法、晕染法等。线是中国艺术的整体精神表象，在"书画同源"背景下，提、按、顿、挫、轻、重、缓、急、疏、密、繁、简、浓、淡、干、湿等状态的"线"法，构建了中国绘画庞大的"线性"系统，贯穿在卷轴画、壁画两大系统之中。线既是壁画艺术的基础建构，又是贯穿始终的灵魂。吴荣鉴先生在《敦煌壁画中的线描》一文中谈道："线描在敦煌壁画中的作用至关重要。不同时期的线描其表现手法也不一样。北朝时期流行'曹衣描''琴弦描''高古游丝描'和'行云流水描'，隋代多用'琴弦描'和'铁线描'，唐至宋代多用'兰叶描''柳叶描''行云流水描'和'铁线描'，到了西夏、元代，则是将'高古游丝描''行云流水描''琴弦描''铁线描''兰叶描''折芦描''钉头鼠尾描'等汇聚应用，充分体现了中国画'书画同源''书法运笔'的造型运笔特点。"赵艳玲在《漫谈敦煌壁画历史发展中的线描艺术》一文中总结了敦煌壁画"线"的历程："质朴简洁的十六国时期线描艺术，俊秀灵动的北魏、西魏线描艺术，流畅自如的北周线描艺术，刚柔并济的唐代线描艺术，书法运笔的宋代线描艺术，棱角毕露的西夏、元代线描艺术。……敦煌壁画的线描是以传统汉、魏时期的艺术形式为基础。从早期粗放随意，到北魏、西魏的精致，再到北周时期形成自己独特的绘画风格，而后又经历了唐代的刚柔并济、宋代的书法用笔……进而不断地在我国中原地域的传统文化基础上重新审视与升华，并有机地融合、汲取了异国的艺术元素，创造出具有自然地域特点的艺术风格，勾勒出一个完美的极乐世界，描绘出历朝历代的兴衰面貌，向后人传达出不同历史时代的文明发展脉络。"在壁画中，线法与染法是相辅相成的，敦煌壁画中的染法主要有叠晕和渲染两种。叠晕染法主要来自西域，渲染则出自中国本土汉晋以来的绘画晕染。万庚育在《敦煌壁画中的技法之一——晕染》中写道："晕染法在敦煌壁画中延续运用了十个世纪，没有间断过。从总的发展趋势和各个时代晕染所影响艺术造型的效果来看，它经历了从写实到公式化两种形式的漫长道路，有一个民族传统与外来影响并存、融合、创新、衰退的过程。敦煌壁画在艺术上的成就如果单凭构图的宏伟、造型的优美、线描的纯熟、色彩的绚丽是不能达到尽善尽美的。正因为在赋色上运用了晕染技法，特别是在初唐盛唐一百余堵经变画中，从人物到动物、山水树石、装饰图案都经过不同的晕染，才使宏伟构图场面中的人物和景达到协调、统一，使之既有立体感、质量感，又有装饰性，从而体现出灿烂辉煌的效果。"

敦煌壁画中的构图，类似于中国画论中提到的"经营位置"。万庚育先生是较早触及敦煌壁画构图研究的画家学者，他提出敦煌壁画的主要构图形式有三种：一是主体式（或称"中心式"）构图；二是对称式（或称"相对对称""不完全对称"。也有从不对称设计手法探讨，即"在对称中求不对称"）构图；三是连环画式（或称"长卷式"）构图。美术界对敦煌壁画构图的研究也基本聚焦在此框架之中。也有人认为敦煌壁画中的构图是"散点式""设计性""平视体"等构图方式。（图1）

敦煌壁画的题材内容，涉及诸多方面，是图像中的重要表征。作为佛教石窟载体的敦煌石窟，其壁画内容不仅局限于佛教内容，还涉及神话、道教、世俗生活等。

敦煌壁画图像的主题是第三视像，这是隐含的图像，也是壁画的真谛。它依附于壁画的题材，又彰显其社会价值。壁画是人创造的，正如马克思所言"是人创造了宗教"。既然是人创造的壁画，就会以"人本"为母题，彰显人性的主题。而真、善、美是人性的核心主题：世俗的真、佛性的善、艺术的美。这在敦煌壁画中处处可见，体现得尽善尽美。《鹿王本生故事》《萨埵太子舍身饲虎》《五百强盗成佛》等壁画升华了"善"的主题。

敦煌石粉彩绘壁画是当代的概念，是基于壁画"矿物"属性的称呼，与之相类的还有"岩彩"或"新彩"，是在日本较为普遍的称呼。敦煌石粉彩绘壁画技艺已经成为甘肃省非物质文化遗产,是对传统敦煌壁画技艺的敬畏和瞻仰,也是当代壁画语境的延续和拓展。敦煌壁画艺术是取之不尽的艺术源泉,它影响了现当代绘画艺术的创作,丰富了中国美术史的内容。随着互联网、数字科技的发展,敦煌艺术也出现了新的艺术形态,如三维复制、数字供养人、跨媒体敦煌艺术等。

图1　敦煌莫高窟第220窟，主室南壁，壁画，唐代

一

地理环境中的敦煌壁画

敦煌石粉彩绘壁画主要指敦煌系石窟壁画。在敦煌研究院的官方网站，我们检索"敦煌石窟"词条，会发现有三个指向：一是莫高窟，二是榆林窟，三是西千佛洞。显然，敦煌石窟是个系统名词，它所触及的范围已经远远超过莫高窟而涉及敦煌地区。敦煌研究院的行政管辖权也开始辐射到周边地区，形成一院六地的格局，包括莫高窟、麦积山石窟、炳灵寺石窟、榆林窟、西千佛洞、北石窟寺。（图2、图3）

图2　安西榆林窟雪景

图3　敦煌莫高窟全景

中国大地上分布着一个石窟网。西北横亘着一个石窟走廊，以敦煌石窟为中心，连通西域和中原。在不断演变的地理环境中，古人也智慧地变化着营造方式。如干旱地区石窟的营造，多绘制壁画、彩塑，如新疆、甘肃、西藏境内的壁画；越往东部、南部湿润地区，以石雕塑像为主导，如河南、山西、河北、四川、浙江等。当然，山体岩质特征也是决定石窟造像属性的重要原因。

敦煌石窟区域位于河西走廊西端，也是西北强沙天气的中心地带。仅莫高窟窟区，西北面为库木塔格沙漠，气候极干燥，常年为大陆性干旱天气，降水量极少。干旱之沙或许是以彩塑、壁画为主的敦煌石窟的天然保障。在流失海外的敦煌遗书中，可以读到满眼的敦煌沙，春夏秋冬不绝。伯希和编号P.2555号文献，佚名《从军行》中写道："边庭三月仍萧索，白日沉沉映沙漠。关中春色始欲来，塞上寒风又吹却"。伯希和编号P.3619号文献，崔希逸《燕支行营》言："天平四塞尽黄沙，塞冷三春少物华。忽见天山飞下雪，疑是前庭有落花"。还如周朴《塞上曲》言："一队风来一队沙，有人行处没人家。阴山入夏仍残雪，溪树经春不见花。"敦煌的沙是有脾气和灵魂的，它塑造了敦煌艺术的体格和强健。

如果说，沙是敦煌石窟的天然保护神，那高山雪水是滋养敦煌人的甘泉。九夏无芳草，三时有雪花，是敦煌地区的气候特征。从大的区域来讲，敦煌处于青海、新疆、甘肃三省（区）的交界，地势是南北高、中间低，从西南向东北倾斜。敦煌市四面环山，东面三危山，南面鸣沙山，西面戈壁，远接塔克拉玛干沙漠，北面马鬃山，接天山山脉。伯希和编号P.3720号文献，释栖白《奉赠河西真法师》言："已闻关陇春长在，更说河湟草不枯。郡去五天多少地，西瞻得见雪山无"。即便在炎热的夏日，向西望去，阿尔金山的雪峰依然熠熠耀目。

沙漠、戈壁、绿洲、雪山、胡杨、红柳、骆驼刺等是敦煌的自然视像，城池、寺塔、石窟佛像、藏经洞、魏晋壁画等，是敦煌的人文视像。人类文明的构建中，生存是第一基本条件，故文明的诞生之地都有发达的农业，河流是第一生态。有了河流就会产生发达的农业，农业保障了生存的第一需要，逐水草而居的定居生活就开始了。稳定的社会结构形成了村镇，人们相互交流产生了语言文字，文明也就开始了。无论是水草丰满的江南，还是气候恶劣的大西北，都逃不了人类生存的法则——农业畜牧业背景下的生存依赖。绿洲奠定了敦煌的城郭特征和文明形态，这也是文明研究者津津乐道的城市景观。周长山先生在《汉代的城郭》一文中写道："城郭自身成为'大一统'政权下法律与秩序的象征"，"《史记》《汉书》及其他文献中，涉及异民族生活方式之处，均以城郭的有无作为判定其文明程度的基准"。这也是我们在谈论敦煌文化时脱离不了敦煌城市的重要原因，而敦煌城又脱离不了敦煌地理环境的特殊塑造。（图4）

早在4000年前，敦煌地区就有人类居住。敦煌和中原之间，暗藏着一条在时间上或早于或并行于"丝绸之路"的"玉石之路"。考古表明，新石器时代山西下靳遗址出土的玉器所用玉料便是来自敦煌的旱峡玉矿。旱峡玉矿是中国目前发现的年代最早的透闪石玉矿遗址，它与马鬃山径保尔草场玉矿、寒窑子玉矿等的发现，证实了河西走廊在汉代以前的2000年间已存在一条玉矿带。显然，玉的开采是在敦煌出现的高级文明形态，成为中华玉文化的源头之一。（图5）

从中国地理分布看，河西走廊处在青藏高原和内蒙古高原的边缘，东有黄河，地理位置十分重要。有"固体水库"之称的祁连山靠丰富的冰雪孕育了河西走廊的生态畜牧业和农业。敦煌地区的河流有由东向西的疏勒河，它跨越了安西和敦煌两个行政区。在汉代之前，这里农业、畜牧业发达，居住着月氏、乌孙、羌、匈奴等民族。《史记·匈奴列传》中记载："有松柏五木，美水草，冬温夏凉，宜畜牧。"河西走廊的"东大门"——凉州，更是"畜为天下饶"！自然环境的变化没

图4　敦煌莫高窟的母亲河——宕泉河

图5 敦煌境内祁连山余脉，此地产玉

有政治变化来得快，朝代更替也会左右自然环境对民生、社会的影响。汉唐之间，河西地区取得了空前的政治、经济、文化繁荣。"安史之乱"后，一直到大明王朝闭关，河西地区开始慢慢荒芜，如元人马端临《文献通考》中所载："盖河西之地，自唐中叶以后，一沦异域，顿化为龙荒沙漠之区，无复昔之殷富繁华矣。"当然，河西东面和河西西面的处境是不一样的。明代中期以后随着嘉峪关的闭关，敦煌沦落为无人问津的关外，直至清代康熙年间，方逐渐恢复。（图6）

图6 敦煌北缘，古代楼兰地域，山体呈焦枯黑色，环境恶劣

二

历史时空中的敦煌壁画

敦煌凿窟之前，敦煌地区的发展与千里之外的汉王朝有了千丝万缕的关联。敦煌走进政治视野，始于汉武帝元鼎六年（前111）。古代文献中，瓜州之名早见于敦煌。《左传》中有如下两段记述：襄公十四年（前559）"春，吴告败于晋。会于向，为吴谋楚故也。范宣子数吴之不德也，以退吴人。……昔秦人迫逐乃祖吾离于瓜州，……"。昭公九年（前533）二月"周甘人与晋阎嘉争阎田。……先王居梼杌于四裔，以御螭魅，故允姓之奸，居于瓜州"。显然，这时的瓜州应该是地理名称，或类似人们"此地出美瓜"而作的命名。（图7）

"敦煌"一名则出自《史记》张骞出使报告："始月氏居敦煌、祁连间"。公元前138年，汉武帝为了遏制匈奴，派张骞出使西域，寻找西迁的大月氏

图7　汉简"敦煌"

人，以此联合大月氏"断匈奴右臂"。17年后的公元前121年，汉代大将霍去病击败匈奴，在河西设立武威、酒泉、张掖、敦煌四郡，划归汉政府统治，实现了汉武帝"广地万里，重九译，致殊俗，威德遍于四海"的雄才大略。是时，汉地丝绸等商品也将遥远的西域连接在一起，西域的物产也陆续过玉门关、阳关东运汉地。1955年，季羡林先生在其文《中国蚕丝输入印度问题的初步研究》中谈到中国丝绸传入印度的道路有五条："一为南海道，二为西域道，三为西藏道，四为缅甸道，五为安南道。在五条道路中，以西域道和南海道开拓最早，利用时间最长，利用率最高"。其中，敦煌是西域道的中转要道。在悬泉置驿站出土的汉简中已能找到汉地与西域之间往来的史事，如匈奴日逐王一行从西域经过敦煌、酒泉顺利到达长安，说明此时原属匈奴领地的西域都护府已经开始了有效的行政管理。汉代以后，商客络绎不绝，"使者相望于道，一辈大者数百，少者百余人"。"驰命走驿，不绝于时月。商胡贩客，日款于塞下"。作为驿站，也会提供丰富的食物进行招待，如《悬泉置元康五年（295）正月过长罗侯费用簿》记载，时长罗侯常惠的部下有382人经过悬泉置，提供的食物多达十余种，如牛肉、羊肉、鸡、鱼、粟、羹、豉、曲、酱、酒类等，物产丰富。（图8）

关于佛教何时传到敦煌，这是一个很重要的历史命题。虽然和敦煌凿窟没有

图8　历史上也曾经水草丰满的敦煌周边，如今在玉门关河仓城残垣断壁外还可见水草

直接的关联，但历史情境影响下的敦煌，让这座城市较早有了"佛性"。佛教何时传入中国的说法，自古以来有多种，在晋高僧法显时就有争论。《佛国记·陀历国》记载："众僧问法显，佛法东过，其始可知耶！显云：'访问彼土人，皆云古老相传，自立弥勒菩萨像后，便有天竺沙门赍经律过此河者。像立在佛泥洹后三百许年，计于周氏平王时。由兹而言，大教宣流，始自此像。'"最早一说是"先秦说"。晋代王嘉《拾遗记》中记载，燕昭王七年（前305），印度有道术人名尸罗，历经五年，千里跋涉来到燕都。另，唐代道宣和尚在《感应记》中引述《列子·仲尼篇》记载："丘闻西方有圣人焉！"《山海经·海内经》记载："东海之内，北海之隅，有国名曰朝鲜、天毒，其人水居，偎人爱之。（郭璞注：天毒即天竺国，贵道德，有文书、金银、钱货，浮屠出此国中也。）"李其霞在《论〈庄子·至乐〉所见佛教文化因子——兼谈佛教传入中国的时间》一文中分析《至乐》中的髑髅非中国本土之文化，而是佛教传入中国南楚后，庄子受到影响而介入文学创作的。张正明、院文清在《战国中期曾有佛教造像传入南楚》一文中说："楚国和印度之间，最迟在春秋晚期就有商贩往来了。"并将佛教传入南楚的时间定为战国中期以前。当然也有学者将河南新郑出土的战国青铜器"莲鹤方壶"与佛教文化联系在一起。郭沫若先生认为其图案来自印度；岑仲勉先生认为，只从器物、技术上看已可断上古时代，中印却有交通。此外还有"秦朝说"、"西汉说"（西汉武帝时期或西汉末期）、"东汉初期说"，学术界以西汉说和东汉说为多见。悬泉汉

简中提到敦煌有"小浮屠里",这是目前敦煌地区最早提到的佛教遗迹。根据荣新江先生的推测,时间应该在东汉明帝永平元年(58)以后的半个世纪内。根据对悬泉置汉简的分析,纪年最早的是汉武帝太始三年(前94),最晚是汉和帝永元十三年(101)。显见的是,印度佛教在阿育王统治时期(前272—前232)已经在恒河流域以外传播,孔雀王朝时期(前325—前187)佛教已经发展成了世界性的宗教,后在贵霜王朝(30—375)的大力推动下,产生了更为广泛深远的影响。饶宗颐先生在《由出土银器论中国与波斯、大秦早期之交通》一文中说:"佛教经过阿育王的倡导,传播入秦,亦非无可能之事。""佛教的传入,至少应该推前至西汉时期。"《魏略·西戎传》写道:"昔汉哀帝元寿元年(前2),博士弟子景卢受大月氏王使伊存口授《浮屠经》。"从这个逻辑上讲,敦煌出现"浮屠"在情理之中。印顺在《大月氏是第一个把佛教传入中国的国家》一文中分析大月氏传播佛教的情况:"大月氏国的胡韦色迦王派遣使者伊存传授佛经,开了佛法传入我国的先河。……自后汉至宋,大月氏来华译经的僧人有支谦等17人。……大月氏国佛教相当盛行,是西域佛教兴盛的大国,是将佛教传到中国的第一个国家。"大月氏与敦煌的关系,详见西汉司马迁《史记·大宛列传》记载:"大月氏,在大宛西可二三千里,居妫水北。其南则大夏,西则安息,北则康居。行国也,随畜移徙,与匈奴同俗。控弦者可一二十万,故时强,轻匈奴。……始月氏居敦煌、祁连间,及为匈奴所败,乃远去,过宛,西击大夏而臣之,遂都妫水北,为王庭。其余小众不能去者,保南山羌,号小月氏。"(图9)

佛教进入敦煌的学术视野,从目前的资料看,始于西晋时期。世居敦煌的僧人月氏人竺法护曾前往西域诸国取经,学习佛法,后回敦煌"立寺延学"翻译佛经,并到长安、洛阳等地翻译佛经。佛界尊称其为"敦煌菩萨",并认为"经法所以广流中华者,护之力也"。马德先生在《"敦煌菩萨"竺法护遗迹觅踪——兼论莫高窟创建的历史渊源》中写道:"'敦煌菩萨'竺法护是中国大乘佛教的奠基人,他对佛教的贡献不亚于中国佛教史上的任何一位高僧。……竺法护在敦煌从事佛事活动的场所(莫高窟成城湾遗址),也就理所当然地成为中国大乘佛教的发祥地,同时也是敦煌石窟的发源、创建地。"从这一点看,西晋时期佛教已经成了敦煌文化的重要特征之一,为敦煌石窟的营造奠定了广泛的社会基础。

图9　印度阿旃陀石窟第2窟，大厅

三

敦煌壁画的渊源

敦煌壁画是依附于敦煌石窟出现的一种艺术形态，与敦煌彩塑、敦煌建筑、敦煌"藏经洞"文献等一起构成了敦煌石窟艺术的完整面貌。

关于敦煌石窟的最早凿窟历史，学术界普遍认为是前秦时期（351—394），也有学者认为是前凉（318—376）永和时期（永和八年即352年）已经开始凿窟。前秦是十六国政权中氐族建立的，非华夏民族血统，属戎族，苻氏为其祖先。苻氏最初居住的地方在甘肃陇南一带，古代称为武都，盛产蒲草，因以"蒲"为姓，后改姓"苻"。永和七年（351），苻健即位，国号大秦，史称前秦。尤其到苻坚主政时期（357—385在位），苻坚大力弘扬佛法，为了得到西域高僧鸠摩罗什，派大将吕光出兵西域。主张前秦建造莫高窟的根据是曾立于敦煌莫高窟第332窟前室的《李君莫高窟佛龛碑并序》。碑载："莫高窟者，厥初秦建元二年（366），有沙门乐僔，戒行清虚，执心恬静。尝杖锡林野，行至此山，忽见金光，状有千佛，遂架空凿岩，造窟一龛。次有法良禅师，从东届此，又于僔师窟侧，更即营造。伽蓝之起，滥觞于二僧。"前凉建窟的文献则出自法国伯希和从敦煌藏经洞带去的敦煌遗书，编号P.2691《沙州归义军图经略抄》中写道："从永和九年（353）癸丑岁创建窟，至今大汉乾祐二年（949）己酉岁，算得五百九十六年记。"这似乎是敦煌创窟的历史公案，或许随着大量历史文献的发现和考古发掘，这段公案才会有准确的结论。（图10）

历史的真相已经深埋在戈壁的沙海中，似乎莫高窟的第一个窟究竟在哪里，为何人所造，已经没有那么重要了。如今在莫高窟留存的45000平方米的壁画中，艺术家们、石窟守护者们一点点剥开历史、艺术的神秘面纱，在做着诸如时代、艺术风格、材料、绘制方式、文字语言等的研究和保护，并逐渐形成了世界范围内的新学问——"国际敦煌学"。

从敦煌石窟早期的壁画中，才有可能找到敦煌壁画的渊源。2011年出版的《敦煌石窟全集》第一卷《莫高窟第266—275窟考古报告》对敦煌莫高窟早期壁画做了考古分析。敦煌莫高窟南区的第268、272、275窟是目前学术界普遍认可的现存年代最早的敦煌莫高窟石窟遗存，处在一个石窟集群中。新近出版的敦煌研究院编《敦煌艺术大辞典》显示，敦煌莫高窟的石窟分期，年代最早的石窟群即是以第268、272、275窟为一体的七个石窟，其余四个分别为第267、269、270、271窟，年代为十六国北凉时期（397—439）。关于这组石窟的建造年代，学界也有争议，但大致确定在北凉与北魏之间。认为北魏时期凿窟的学者，其比较的视点是山西大同的云

图10　大唐武周圣历元年（698），李克让修建莫高窟佛龛残碑拓片，原石藏敦煌研究院

冈石窟，如云冈石窟的第二期与敦煌莫高窟的第一期很相似。20世纪40年代在莫高窟临摹壁画的张大千先生在《莫高窟记》中也有类似的观点："窟内诸画，殆为北魏初期画，散乱粗野，无有过此者。"认为北凉时期凿窟的学者，其比较的视点是北凉的石塔和北凉统治敦煌（401—439）的情状，如殷光明等。显然，敦煌研究院的大多数学者也认为此组窟群为北凉时期所造。这种争论还会继续，但很难有统一

的结果，石窟的兴造是一个复杂的综合体，加上莫高窟的岩面毁损严重，早期的石窟已经面目全非。只能从目前留存的壁画面貌去推想那个久远年代的时间记忆。（图11）

莫高窟目前留存的最早洞窟，主题大多与弥勒信仰有关，窟形建筑特殊，以禅窟为主，此外还有大佛窟、礼拜窟等。从题材看，早期洞窟的彩塑主尊大多为交脚弥勒坐佛、菩萨像等，反映了这一时期弥勒信仰的盛行。从壁画内容看，多为佛本生故事、佛传故事、尊像画、供养人等。敦煌壁画的初始面貌究竟从何而来，印度石窟艺术传入中国是否有清晰的传播路线，这些也是学者们关注的重要研究对象。黄文昆先生在《敦煌早期三窟及湿壁画技法》一文中提写道："敦煌地接西域，早期石窟的洞窟形制组合、塑像和壁画的内容以及形象表现，无不显示出西北印度和中亚各地文化的印迹。尤其是在中土汉译佛经系统主导下日益丰富的经变内容形成之前，盛行于犍陀罗、迦毕试、巴米扬、龟兹、于阗的弥勒信仰，在本卷洞窟（注：《敦煌石窟全集》第一卷《莫高窟第266—275窟考古报告》）中得到如此纯

图11 酒泉文殊山石窟，前山千佛洞飞天，北凉

粹而完备的图像学表现，是为莫高窟早期石窟最重要的特征。"这里模糊提到了敦煌石窟早期的发展渊源。赵声良在《敦煌早期壁画中"西域式"人物造型》一文中认为："敦煌石窟从北凉到北魏时期基本上采用了西域式人物造型的方法，从莫高窟第275窟等早期洞窟壁画中，可以看到色彩晕染及人体结构的特征与龟兹壁画中人物有着明显的联系。但是仔细分析敦煌北凉北魏菩萨等形象，就会发现，在接受以龟兹壁画为代表的西域风格同时，敦煌壁画还存在着汉晋以来的传统技法，也受到了凉州壁画人物造型的影响。"（图12）

佛教艺术经过两千多年的传播演进，经过各国学者的研究和考古发现，渐渐形成一条公认可能的"佛教艺术传播路线图"。公元前4世纪马其顿帝国在亚历山大（前356—前323）的统治下征服印度西北部，将希腊文化艺术植入。后孔雀王朝统一印度，阿育王（前273—前232）大力弘扬佛教，并将其定为国教，佛教达到极盛。到贵霜王朝时期（30—375），大乘佛教勃兴，带有希腊文化艺术基因的佛教文化艺术开始流行传播，即后来的"犍陀罗艺术"开始对外产生影响。这一时期，印度的石窟寺艺术开始悉数登场，如巴拉巴尔石窟群、贡塔帕里石窟、阿旃陀石窟等。贵霜王朝时期正是中国大汉王朝已经打通"丝绸之路"的重要时期，作为连接贵霜王朝和大汉王朝的"中介"，西域（今新疆地区）便成为佛教艺术传入的第一站，这就有了后来的龟兹石窟群。与此同时，还有一支传播路线由西南进入中国，这就是现在在四川等地发现的汉代佛迹遗存，带有犍陀罗风格面貌，可以作为佛教从西南传入的明证。至于河西地区佛教艺术传播的形态，学界普遍认为甘肃武威是内地石窟艺术的第一站，天梯山石窟是中国内地石窟的鼻祖。这也就是说明，敦煌石窟是在西域石窟佛教艺术繁荣和河西佛教艺术传入后出现的，武威天梯山石窟与敦煌石窟有着微妙的关系。至少从目前来看，河西地区这两个重要的石窟，其早期的石窟年代都被锁定在十六国北凉时期（397—439）。（图13）

位于河西走廊东端的武威天梯山石窟，目前学界考证，第1窟、第4窟、第18窟是年代最早的石窟，属中心塔柱式的窟形，可以绕塔礼拜，与印度阿旃陀石窟的支提窟标准样式如出一辙。虽然莫高窟早期洞窟因为毁损、年代叠加等存在争议，但它与中原石窟、河西石窟、西域石窟之间的关系是割舍不断的。

图12 敦煌莫高窟第275窟，彩塑与壁画，北凉

图13 印度阿旃陀石窟第1窟，大厅右壁，摩诃伽那迦本生图

四

敦煌壁画的地质结构和地仗构造

从地缘板块看，敦煌处在古亚洲板块构造的中轴线上，向西就是亚洲的中心新疆。敦煌南北高、中间低，属盆地状地貌。其叠置在塔里木盆地东缘，东面是华北板块，南面是青藏高原板块，北部是准格尔板块，地质结构相当复杂。莫高窟位于敦煌市东南鸣沙山东麓的断崖上，下有宕泉河流经，因此在河谷地带形成绿洲，有参天大树矗立，为天然的生活屏障，也为凿窟提供了保障和方便。敦煌鸣沙山位于巴丹吉林沙漠和塔克拉玛干沙漠的过渡地带，海拔1700米左右，有流沙堆积，气候干燥，是适合石窟壁画存在的环境。（图14）

图14 敦煌莫高窟九层楼

莫高窟所处鸣沙山东部，属岩基山地。岩层结构属第四纪酒泉系（组）砾岩层，主要组成有岩石（或砾石）、砂土等。该地质名称于1942年命名，其主要特征是下部为灰色、黄色砂砾岩和泥砾，夹粉砂质泥，半胶结或未胶结；上部为灰绿色砾石夹砂、粉砂及亚砂土、亚黏土。从莫高窟考古看，所有洞窟都在酒泉系砾层岩上。上层的土层结构分为细砂和砾石两层。下层为灰色，成分主要是石灰岩、花岗岩、石英和其他碎石。这种地层结构适合壁画与彩塑，但前提是要有坚固的地仗作支撑。（图15）

图15 敦煌三危山，岩面

早期的印度石窟壁画是否有地仗？印度学者M.N.德什班德在《印度佛教石窟壁画的主要特征》（杨富学译）一文中谈道："《大隧道本生》谈到在菩萨所建大殿中亦饰有优美的壁画，在通向宫殿、以灰泥涂面的地下通道中，也绘有须弥山、海洋、四大部洲、雪山、阿耨达池、日月、六天等，且称无论逢到何节，绘画都可使节日气氛更浓厚。"这里的"灰泥涂面"指的是地仗壁面吗？从目前考古看，印度在史前时期已经有了壁画遗存，但大多是用赭石红将动物、飞鸟和人物等直接绘制在石面上。印度壁画总体上可以分为几类：一是湿壁画，如意大利类型、印度拉基斯坦类型；二是干壁画；三是胶壁画；四是镶嵌壁画。印度拉基斯坦湿壁画是印度本土的壁画技艺，壁画底层有两层消石灰灰泥，壁画绘制完成后要用木槌捶打画面，再用石块打磨，使颜料与石灰层紧密结合，且进行碳酸化。印度重要的石窟遗存——阿旃陀石窟，是印度重要的佛教艺术宝库，位于德干高原文达亚山，存有洞窟三十窟，始建年代约为公元前2世纪，前后历经600余年，是阿育王时代的伟大杰作，对中国石窟的影响重大，同时也受到中国石窟的影响。印度画家南达拉尔说："一、二两个洞窟最好的壁画，是有中国画师参与制作的。"（图16）

中国古代关于"壁画地仗"的详细记载见于宋代李诫的《营造法式》卷十三泥作制度："造画壁之制，先以粗泥搭络毕，候稍干，再用泥横被竹篾一重，以泥

图16　印度阿旃陀石窟第17窟，药叉像，5世纪下半叶

盖平；又候稍干，钉麻华，以泥分披令匀，又用泥盖平（以上用粗泥五重、厚一分五厘。若栱眼壁，只用粗细泥各一重，上施砂泥，收压三遍）。方用中泥细衬，泥上施砂泥。候水脉定，收压十遍，令泥光泽。"壁画地仗，或称壁画支撑体，或称泥地仗，有时也指壁画底层。地仗的主要功能是承载壁画，防止水汽活动，或可溶盐风化的作用造成破坏。郭宏、李最雄等在《敦煌莫高窟壁画酥碱病害机理研究之三》一文中谈道："壁画发生酥碱病变是由于壁画内部结构中的水分蒸发引起的，随着水分的蒸发，水中的可溶性盐类就会在壁画内部（岩体表层与表下层、地仗层、粉层及颜料层）结晶，破坏壁画内部结构，从而导致壁画酥碱破碎和脱落。"这在世界各地的墓室壁画、寺观壁画和石窟壁画中是普遍现象，也是壁画很重要的组成部分。如陕西发现的唐代墓葬壁画地仗层，就可见草拌泥层和白灰层。西藏布达拉宫和萨迦寺壁画系统中，可以看到壁画地仗所采用的材料，有粗、细两层灰泥做底，还有沙子、动物毛发和动物胶液。土泥中含有方解石、石英和黏土矿物。新近出版的敦煌研究院编《敦煌艺术大辞典》中王进玉先生写道："壁画地仗，绘制壁画的泥壁，古代称'画壁'，……岩壁极不平整，不能直接绘制壁画，须先在开凿好的洞窟崖体墙面上制作多层材料不同的泥层，俗称地仗。……一般从下到上依次为粗泥层（单泥层）和细泥层。先用黏土和麦秸调和的麦秸泥将高低不平的崖体墙面抹平，稍干后再抹第二遍较细的麦秸泥，抹平压实，使画壁平整光滑，以便绘画。"

目前的考古分析报告显示，如美国哈佛大学福格博物馆专家对敦煌莫高窟壁画残片的分析，其地仗结构为：表层为纯的黄土，混合有沙子；中间层为黄土，并有纤维材料；底层为黄土中掺加粗的键合材料。敦煌研究院和日本前东京文化财研究所对莫高窟第53窟壁画岩体和地仗做了研究，其地仗成分主要有方解石、石英、钠长石、铁白云石和高岭土。1907年，斯坦因从敦煌莫高窟带走的壁画残片中也可以发现不同于西方湿壁画的敦煌壁画地仗，地仗中掺入了起加固岩壁作用的植物纤维。谌文武、贾全全等在《莫高窟壁画地仗的吸湿-脱湿室内实验》一文中详细谈到了莫高窟壁画的地仗："现已发现的莫高窟地仗分两层，底层为粗泥层，由土、沙及植物草结构成，加水拌成软泥后涂抹于洞窟内砂砾石支撑体上，层中加入较粗长的麦草纤维，可加强与洞窟围岩之间的联结力并提高自身强度；粗泥层之上为细泥层，主要由土、沙、麻纤维和棉纤维构成，层中的棉麻纤维是为了防止地仗风干后开裂以及为壁画的绘制提供平整的底面。"马赞峰等在《敦煌莫高窟壁画地仗修补材料筛选》一文中谈到莫高窟壁画的地仗："一般由粗泥层、细泥层和颜料层构成，粗泥层多由澄板土（澄板土是一种黏土，取自莫高窟前宕泉河或莫高窟附近山洪冲刷的沉积土，粒度细、杂质少）和麦秆组成，细泥层多由澄板土和棉、麻组成。"赵林毅等在《丝绸之路石窟壁画地仗制作材料及工艺分析》一文中对莫高窟的地仗成分做了更详细的分析，包括石窟年代、取样位置、地仗厚度（粗泥层、细泥层、白粉层）、纤维主要成分（麦草、麻、麦秆、长麦秆、麦衣、棉）、粉土、沙等百分比，为研究敦煌壁画地仗提供了详细资料。（图17、图18）

同在河西地区的甘肃武威天梯山石窟，第9窟壁画和彩塑地仗中，发现了稻草茎秆及其附属碎末，这些增加了泥层的拉力和支撑强度。可见，古人对地仗的工艺结构，在选材上大多是考虑固定壁画和壁面的强度。天梯上石窟所用稻草与敦煌莫高窟所用麦秆等的植物纤维，均有加固地仗的作用，且都是就地取材。再看新疆库车克孜尔石窟和库木吐拉石窟，所用地仗纤维成分为麦秆、麦草、麻、毛（多为动物毛，甘肃张掖马蹄寺、金塔寺石窟壁画地仗中也采用了动物毛）等，基本上类似。

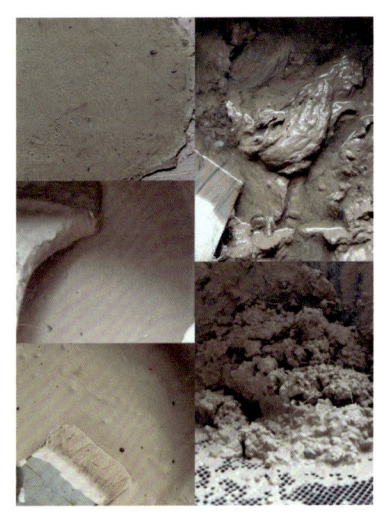

图17 壁画地仗材料准备中　　图18 敦煌莫高窟第61窟，殿堂式窟，五代

五

敦煌壁画的绘画属性

世界各地均有壁画存在，年代可以追溯到原始时代。根据制作材料和工艺特点，壁画大体可以分为三大类：以绘画为主要表现形式的干壁画、湿壁画，以及以工艺制作为主的镶嵌壁画。总体上看，东方以干壁画为主，西方以湿壁画为主。（图19）敦煌壁画究竟是干壁画，或是湿壁画，还是干、湿壁画皆有？

何谓干壁画？梁运清先生在《壁画的种类、材料和制作》一文中引用刘凌沧先生的观点谈道："干壁画是指用颜料（包括水溶颜料和油溶颜料）在干固的基底上所作的壁画。基底有粗地与细地灰泥或水泥加沙抹成的壁画，也有画在亚麻布、金属板、木板上的。这类壁画大体有下列几种：第一种是干酪素干壁画，它的制作方法是用干酪素作化学处理后，用它的稀液做调色剂调和各种无胶的颜料粉直接绘画在墙面上或其他底子上。干酪素经化学处理后，变为一种黏性很强的胶粘物，用它调和颜料粉画在墙上，不怕潮湿，不易发霉，画面不产生龟裂和色彩剥落。可用厚画法，亦可用透明画法，这种制作技术仅适用于室内壁画。第二种是矽酸盐壁画，又名水玻璃壁画。……第三种是无光油画壁画。……第四种是蜡画法壁画。"下一

图19 意大利佛罗伦萨奇奥宫壁画

涵在《中西方壁画艺术比较研究》一文中谈道："敦煌壁画属于干壁画中的胶彩壁画。敦煌石窟的开凿是在干燥、断面凹凸不平、质地极为粗糙的悬崖砾岩上，由粗到细分成几层，先用掺有各种植物纤维的黏土泥巴和无机矿物质及有机颜料和成泥，在将要绘画的砂砾岩崖体壁面上制作壁画地仗支持体，最后在细泥层上绘制壁画。"

敦煌壁画是否也有湿壁画？梁运清先生在《壁画的种类、材料和制作》一文中也谈道："敦煌莫高窟魏晋时期的壁画，其中不少是用湿性壁画方法制作的。如第254窟的《萨埵那太子舍身饲虎图》、第249窟的《狩猎图》等。"梁运清先生进一步认为，中国的湿壁画与西方的湿壁画在制作方式上有所不同，但有一点是相同的，那就是在墙面抹平未干前绘制。陆鸿年先生在《中国画壁制法点滴》一文中谈道："根据从敦煌得到的资料，魏代一般多用粗泥……元代更有'湿壁画'的画法，材料用沙泥土与胶混合作壁，捶压后未干即画，这样颜色可以吸在画壁内，不容易脱落，这也是一种较好的方法，缺点是湿度不容易保持，和西洋的湿壁画很相近，不过西洋壁画材料多用石英沙石，并且用喷雾的方法保持湿度，选择没碱性反应的颜色，以保持永久。"那什么是湿壁画？朱岩先生在《湿壁画技法》一文中介绍："湿壁画（Freoco）一词源于意大利，原意是新鲜，是一种类似于水粉的涂料绘于潮湿未干的石灰底子墙面上的绘画。画面结实、经久不坏。古希腊、罗马时期开始发展，文艺复兴时期达到鼎盛。……壁画墙面的制作：底子分为粗底和细底两种，粗底用石灰浆与细石英沙加水混合抹成。细底只用石灰浆抹成，为使壁画底子更坚固，在灰泥中可以掺进适量的麦秆、稻草、麻纤维物和小牛犊毛等。……其次，再涂上比较细的第二层灰泥，然后把整个壁画构图的大型素描草图透描上去，这时再涂上更细的第三层灰泥。……"（图20、图21）

敦煌研究院的马强先生对敦煌壁画和湿壁画的技法和材料有自己的认识，他在《敦煌壁画与湿壁画的材料技法之比较》一文中说："古代壁画分为三类，粗底壁画（岩画）、刷底壁画和镶嵌壁画。……敦煌莫高窟地处中国西北干燥的地理环境中，古代壁画绘制在以酒泉系砂砾岩崖体为地仗支撑体，用掺有各种植物纤维的黏土为地仗的壁面上。敦煌壁画的主要特点是在干燥的泥土墙面上，用无机矿物颜料、有机颜料和动、植物胶为胶结材料整体绘制完成的壁画。就以上特点而言，显然敦煌壁画属于干壁画，且是干壁画中的胶彩壁画。"关于敦煌壁画中是否有湿壁画，马强先生认为值得商榷，他还谈到美国人华尔纳以湿壁画的剥离技巧盗取敦煌

图20 敦煌莫高窟第254窟,南壁东侧,舍身饲虎,北魏

图21 敦煌莫高窟第249窟,窟顶南披,西王母,西魏

莫高窟壁画，且哈佛大学也采取湿壁画的剥离技巧将敦煌壁画分离黏结取得成功。马强先生还进一步认为，虽然很多人认为敦煌莫高窟第3窟是湿壁画，但事实上，在敦煌石窟群中没有真正意义上的湿壁画。（图22）

敦煌壁画中究竟有没有湿壁画，似乎成了"公案"。黄文昆先生在《敦煌早期三窟及湿壁画技法》一文中，明确提出敦煌壁画有运用湿壁画的技巧，这是对敦煌研究院所编《敦煌莫高窟第266—275窟考古报告》的研究回响，他旗帜鲜明地提出"早期三窟美术品的制作技艺值得注意。敦煌早期壁画至少在绘制开始的步骤，应该是使用了湿壁画的方法"。在对第268窟、第272窟、第275窟的绘画技法进行分析后，黄文昆先生得出了"敦煌壁画使用了湿壁画"的观点。他说："线条的勾勒大多随白粉剥落，而土红色的起稿线和变成黑色的勾染仍历历在目，壁画人物的面容多只剩下令人印象深刻的大小黑圈，尽显线条的粗犷，加上白色的点染，形成了所谓的'小字脸'。这些颜色都已沁入泥层，漫漶处多为磨损所致。墙壁泥面地仗，颜色附着力差，运笔难以流利；只有在泥面保持湿度时能够完成起稿和勾染。湿润

图22 敦煌莫高窟第3窟，千手观音，壁画，元代

的泥面既可流畅运笔，颜色也会沁入泥层中，不易脱落。壁画上的起稿线相当简率，画圈似的勾染也是粗线条，显然都是疾速运笔而就。……我们对敦煌早期壁画的艺术魅力赞叹不已，但就我们今天能看到的敦煌早期壁画而言，几乎全部是壁画完成前湿壁画技法所形成的绘画效果。"（图23）

图23　敦煌莫高窟第268窟，西壁，壁画与彩塑，北凉

六

石窟内拜佛的秩序

每次参观寺院、石窟、佛塔等，都会遇见一些"走错"方向或迎面相向的拜佛者，这是一个很有趣的现象。究竟是谁走错了方向，还是隐约存在某种秩序呢？

石窟的观看方式与石窟的构造、造像布局和功用有很大的关系，很多人进入石窟以后，被琳琅满目的壁画和雕塑震惊，不知从哪里开始观看。佛教石窟的形成和佛教的诞生、发展有密切关系。在印度，广义的石窟类似于寺院，即大的精舍，是佛教徒讲习、修道的道场。早期的石窟，一般是一个方形的大洞窟，后室有佛堂，两边有小石室，不大，可容纳一两人。三面石壁，一面是门。"方丈"之谓或从此始。早期印度僧人没有财产，生活比较简单，类似苦行僧。后来，随着信众供养力度的加持，大的石窟群才慢慢发展形成。

天幕遮风雨，偶像避凶邪。钱穆先生在《国史大纲》中引述《根本说一切有部毗奈耶杂事》记载："即于石上画作其像。"意言难陀初出家到寺庙生活，经常坐于石上思念妻子而画像。根据阎文儒先生的观点，早期印度佛教石窟如阿旃陀石窟是不造佛像的，是佛教徒为了纪念释迦，为学释迦的苦行而凿成的。题材主要是佛传故事、菩提树、铁钵、佛足、塔、法轮、佛座等。[1]《增壹阿含经》中言："如来身者，为是大身，此亦不可思议，所以然者，如来身者，不可造作，非诸天所及……如来身者，不可摸则，不可言长言短，音声亦不可法则。"可知佛像不可随意雕凿。（图24、图25）

佛像何时出现，出现的意义是什么？既然佛像是佛教徒为纪念释迦而造，那

图24　阿旃陀石窟第26窟外

图25　俯瞰敦煌莫高窟

---

[1] 阎文儒：《中国石窟艺术总论》，桂林：广西师范大学出版社，2003年。

"礼佛"就是一种很重要的仪式，这种仪式究竟有没有仪轨或法式？石窟或寺院建筑结构，会影响参观形式吗？

印度最早出现佛像的印记随着时间的推移越发模糊，显然不是和佛教诞生同步的。佛教是作为思想意识形态的宗教出现的，而佛像则是以美术形态出现而服务于佛教的，后逐渐形成信仰，礼佛成了重要仪式。它的普遍意义正如高田修先生所言："佛教传播的地方，必有佛像存在，有佛教而无佛像是不可思议之事。"[2] 事实证明的确如此，历次的灭佛运动，要么烧毁佛经，要么毁掉佛像，尤其是毁掉头像。（图26）

从佛教造像发展的角度看，佛像的确有从"无像"进入"有像"的过程。这个无像，是指无人像，但有物象，即象征意义的物，如圣树、佛塔、法轮、圣坛、宝座等，似乎这些都和佛祖有关，但也可以看出这些物象与印度早期信仰有某种传承、借鉴关系。目前的考古表明，印度早期的佛教中心如犍陀罗、秣菟罗、阿马拉瓦迪等地，出现了成熟的人物形象的佛教造像。有了造像，便有了信仰的形象载体和"偶像"特征，后面就是如何安放和承载这些佛像了。可以是绘画，也可以是雕塑或其他工艺，可以是寺院，也可以是石窟、佛塔，于是各种"礼佛"的样式开始出现，佛教也渐渐成了"像教"！但旋绕参拜的传统并非始于佛教，这一传统礼仪在佛教之前的印度就开始了。当然，绕行礼拜也不仅限于佛教等，中国的道教也流行绕像礼拜。

佛像出现的形式、承载佛像的空间等问题，是否会影响人们的礼佛方式，这也是一个很重要的问题。从起初的物象到人像"佛像"出现，礼佛方式也随之发生变化。物象时期，类似我们常言的"心中有佛"，这是以"空像"的方式怀念和行礼。"人像"时期则是从"心中有佛"到"眼中有佛"的转变。当然，单体佛像、组合佛像、宏大的叙事性组合佛教故事绘画的出现，也会带来"礼佛"形式的变化。尤其大乘佛教兴起后，佛像的各种样式、各种形态、各种安置方式出现，"偶像式"的礼佛习俗开始深根于信徒心中，在家中礼佛与在公共场所如佛教寺院和石窟礼佛便有了不同。（图27）

每次在佛教寺院、石窟、佛塔参观，总会看到两种情况：一种是右旋式（顺时针）参观，一种是左旋式（逆时针）参观，以右旋式参观为主。在古老的寺院或石

2　高田修：《佛像的起源》，中国台北：华宇出版社，1985年，第1—2页。

图26　阿旃陀石窟第17窟，释迦牟尼佛及弥勒菩萨像（局部）

图27　敦煌绢画，观音菩萨像，唐代，英国大英博物馆藏

窟参观，因为有大量佛教造像，在心理上或比其他文化古迹、文物多了一层敬畏。那佛教中是否有这样或那样的行走参观方式呢？至少到唐代，右绕佛塔礼佛是常见的。唐代于阗三藏实叉难陀翻译的佛经《佛说右绕佛塔功德经》中有言："尔时长老舍利弗即从坐起，偏袒右肩，右膝着地，合掌向佛，以偈请曰：大威德世尊，愿为我等说，右绕于佛塔，所得之果报。……右绕于佛塔，所得诸功德，我今随所闻，略说讵能尽。"该经文中还提到右绕佛塔的诸多好处和功德。对信佛的民众而言，遵守这样的佛教仪轨是可以理解的，久而久之，右旋变成了一种习惯。

右和左是一个相对的方位概念。面对佛像和背对佛像是完全相反的方向。中国古代地域称谓中，江左是指长江以东的地区；而江右有时又指使用赣语方言地区的汉族人群，称为江右民系。从习惯上讲，礼佛应是面对佛而言，所以礼佛即面佛，但在礼佛绕佛的过程中，又是侧身向佛的。礼佛中的绕佛其左旋或右旋应是以面佛的方向而定。但佛经的解读中，有时是以佛的面向分左右的。但这是不矛盾的。（图28）

佛塔又名浮屠，还有诸多称谓，如塔婆、佛图、浮图等，因其供奉佛舍利等，也被称为方坟、圆冢等。塔形制多样，功能也不同，一般由塔基、塔瓶、塔刹和塔顶构成，有门通塔心，最上层甚至有四门通月台可瞭望。相传佛祖涅槃后火化，

图28　敦煌莫高窟第244窟，洞窟内景，隋代

八个国王分别建塔供奉佛祖舍利。这样，就形成了见塔若见佛、拜塔若拜佛的仪式感。礼佛是古代佛教徒很重要的佛事活动，敦煌莫高窟就有信徒礼拜、做佛事的石窟壁画。如莫高窟第23窟，佛教徒"绕塔礼佛"的画面清晰可见。佛塔外围有6位佛弟子双手合十，进行"右旋"围塔礼佛。诸多佛经或佛论中都提到"绕塔"。后秦鸠摩罗什译《妙法莲华经》第十五品中言："及至诸宝树下狮子座上佛所，亦皆作礼，右绕三匝，合掌恭敬。"《妙法莲华经》第二十八品中言："头面礼释迦牟尼佛，右绕七匝。"达摩祖师在《破相论》中言："绕塔行道者，塔者是身也。当修觉行，巡绕身心，念念不停，名为'绕塔'。过去诸圣，皆行此道，至涅槃时。今时世人，不会此理，曾不内行，唯执外求，将质碍身，绕世间塔，日夜走骤，徒自疲劳，而于真性，一无利益？"唐代释道世在《法苑珠林》中专门记载了旋绕礼佛："旋塔有五福德……右绕者，经律之中制令右绕，若左绕行为神所诃。"《一切如来秘密舍利陀罗尼经》中言："乃至应堕阿鼻地狱者，若于此塔一礼拜、一转绕，彼等皆能得以解脱。"《华严经·净行品》中言："绕塔三匝，当愿众生；勤求佛道，心无懈歇。"

绕塔礼佛的情形与参观石窟的方式相类似。石窟是在有限的空间做循环参观，塔一般在是开放的空间游走。

右旋式礼佛，究竟是约定俗成，还是心理诉求、佛教仪轨等，似乎是很难定论的。

1. 顺时针方向的问题。这似乎是宇宙意识的定位，顺时针方向是一个神奇的方向，自左向右旋转，若在平面则是自左向上，再向右，再向下，再向左循环。这与地球公转自西向东的方向是一致的。地球自转的方向是自西向东，太阳自转也是自西向东转动。顺时针方向或是一种"磁场"方向，我们画圆圈同样习惯以顺时针方向而为。这个源头可以追溯到日晷。佛教传入中国前，日晷的顺时针计时已在《汉书·律历志·制汉历》中出现。日晷在南半球呈逆时针方向，北半球则呈现顺时针方向。印度与中国都处于北半球。我们习惯上言方向，也是先左后右，如左西右东。在太极运动中，先迈左脚，手的运行也是从左至右，似乎是符合天体运行的规律。（图29）

2. 约定俗成的问题。人们在书写汉字或其他文字的时候，都是从左至右行笔，绘画也是这样的顺序，这是一个有意思的问题，究竟是谁发明的？这是否存在着某种力量或场？至于眼睛看其他东西，似乎也是从左至右的习惯。似乎人们在排队报数的时候，也是遵循从左至右的顺序。心理学的测试结果是，婴幼儿从左至右学习

图29　敦煌莫高窟第237窟，南壁，法华经变（局部），中唐

方法和效果似乎更好一些。虽然难以考证第一个礼佛的信徒是如何旋转的，但这也似乎不是那么重要，在人们的观念中总有一些约定俗成的东西，跟随的人多了，就成了一种法式。

3. 心理诉求的问题。当一开始，或不经意的右旋绕塔礼佛成为一种定俗，很多人便如此而为，也就习惯了，久而久之，便成了一种心理诉求。人们会觉得"右转"比较顺其自然，顺气，而"左旋"像逆流而上，气也就不通畅了。若对佛教一无所知，或初次走进寺院、石窟、佛塔的人，不知道礼佛的顺序，这也是可以理解。

4. 佛教仪轨的问题。石窟的起源与佛教寺院有密切关系，早期印度佛教建筑就是以这两种方式出现，且密不可分，或称为石窟寺。随着佛教的发展，塔又渐渐成为寺院和早期石窟的灵魂，阿育王时代印度佛教艺术代表——桑奇大塔，维系了整个桑奇城，也成了重要的佛教圣地。从窣堵坡（塔）、支提窟、精舍窟到大型寺院、大型石窟群的出现，礼佛的环境和空间也发生了变化。因为塔在早期佛教建筑中的灵魂作用，故"绕塔礼佛"成为重要的仪式。随着石窟艺术的发展，也考虑到大众信仰的普遍性，石窟中便出现了专门的礼佛窟。印度早期的支提窟（塔庙窟），分为前厅、两侧廊和圆形后室，礼佛是围绕中间的窣堵坡进行的。另一种早期石窟——毗诃罗石窟，中庭比较宽敞，虽有佛龛，但其功能多为僧房。石窟艺术传入中国后，有专门的礼佛窟，如新疆龟兹石窟，就有礼佛窟、大佛窟、讲经窟、僧房窟、禅窟等。礼佛窟多呈长方形，分前室、主室、后室与甬道，中心柱有大型佛龛，供礼佛参拜。（图30）

关于敦煌莫高窟礼佛仪式的左旋和右旋问题，刘艳燕、吴军做了深入的分析和研究，并认为古代佛教信徒旋绕礼佛遵循了以主尊佛为准的右旋礼佛仪轨，罗列了诸多学者关于绕佛礼拜的观点，如敦煌研究院万庚育先生对中心塔柱窟的内容和绕佛方式的关系，认为是右旋绕塔观像。宁强、胡同庆先生研究了敦煌第254窟的千佛题名，其排列顺序是按顺时针方向，即右旋。敦煌研究院施萍婷、贺世哲先生则从敦煌第248窟窟顶飞天的方向判别绕佛的方向，这也是一个新的研究方向。敦煌研究院王惠民先生认为有绕佛右绕、绕坛左绕的说法。北京大学李崇峰先生认为应该以石窟本身的定位来确定，右绕礼佛是从石窟右侧开始旋绕的。李先生的观点应

图30 敦煌莫高窟第103窟，东壁，各族王子听法，盛唐

该和唐代义净在《南海寄归内法传》中所言以"中央尊像"之右而旋，即礼佛者之左开始旋是一致的。

如果从个案的角度看，刘艳燕、吴军先生结合古代文献对敦煌石窟"绕佛右旋"的分析值得重视和参考。他们分析了敦煌莫高窟绕塔礼佛图，如第23窟、第217窟、第103窟等；也分析了中心塔柱窟的旋绕方式，如第254窟、第257窟等，结合壁画千佛名号、故事内容的排列顺序推断"绕佛"的路线；还分析了中心佛坛窟的礼佛路线，如第98窟、第61窟等，认为绕佛坛礼佛的方向是以主尊佛为基准的右旋；最后分析了涅槃窟的礼佛路线，以莫高窟第148窟和第158窟为例，根据涅槃佛的朝向、三世佛的布局，以礼佛者先看到佛头为尊，确定礼佛方式为右旋。[3]（图31—图33）

图31　敦煌莫高窟第254窟，北壁东侧，尸毗王割肉贸鸽，北魏

3　刘艳燕、吴军：《莫高窟礼佛仪式的左旋与右旋》，《敦煌研究》2015年第6期。

图32　敦煌莫高窟第217窟，南壁，化城喻品，盛唐

图33b　敦煌莫高窟第148窟，西壁，八王争舍利，盛唐

总而言之，佛教由印度传入中国后，石窟艺术遍及西域、河西、中原、西南，甚至东南沿海，随之传播而来的礼佛思想也深深影响了中国人的信仰。塔、寺院、石窟构成了佛教建筑的主体，绘画、雕塑、工艺美术的佛像遍及厅堂博舍，不管是哪种形式，总会遇见朝拜者。见塔、见寺、见窟，均如见佛一样，这种观念千百年来已经深入人心，尽管大多数人认为"右绕礼佛"是合理的，但只要心中有佛，便处处有佛，处处见佛了。（图33a）

图33a　敦煌莫高窟第23窟，绕塔礼佛，盛唐

七

敦煌壁画颜料的来源

历代敦煌壁画应用的大量绚丽多彩的颜色反映出我国古代画家工匠对颜料性能特质有深刻的理解，对植物矿物颜料的化学冶炼技术的高超应用。壁画真实反映出颜料历经千年自然演变的状况，为中国色彩理论体系、中国古代色彩颜料科技和中国古代颜料发展历史等的研究提供了极为重要的实物资料。

对敦煌颜料来源的研究经历了一个漫长的发展过程，早期主要是国外采用现代科学分析技术研究敦煌壁画颜料。1923年，美国哈佛大学福格艺术博物馆兰登·华尔纳将从敦煌窃取的壁画彩塑偷运往美国，其中一个目的就是为了弄清唐朝壁画家所使用的颜料究竟为何，以及这些颜料的来源。福格博物馆的罗瑟福·盖特斯博士对壁画、彩塑颜料做了详细的分析报告，分析出敦煌壁画使用的颜料有11种[4]。20世纪50年代，日本山崎一雄对法隆寺金堂壁画所使用的颜料进行了化学分析，分析了其颜料种类、产地、来源等问题，也对中国西北地区敦煌壁画使用的颜料进行研究。[5]

中华人民共和国成立以来，国内也展开了对古代壁画颜料的研究。1951年夏鼐先生在论述盖特斯分析出的11种敦煌壁画颜料时就曾指出："前6种的制法较简单，只要磨成粉末便可利用。后5种要经过比较复杂的制造过程。这表示我国当时人民已能利用优良的技术制造颜料。并且这11种原料，大多不是敦煌的土产。即在今日的敦煌，也不容易全部弄到。我们不能不钦服当时的能力，能够将远处所出产的原料或制造品，运到敦煌来应用。"[6] 这说明敦煌当时的颜料运输和制造技术已较为发达。1958年常书鸿在《漫谈古代壁画技术》一文中，将中国壁画使用的颜色大致分为纯颜色、人工颜色、植物颜色三种，并指出3世纪后敦煌使用的颜色不止纯色，还出现了一些调和颜色。[7]（图34、图35）

20世纪80年代以来，国家明确提出为了进行敦煌文化的科学保护研究，文物部门要与科技机构合作，因此开创了采用现代科学检测仪器对古代颜料进行分析研究的新局面，产出了一大批对石窟壁画颜料进行科学分析的研究成果，其中以王进

4　A. Baker, F. H. Andrew, *Wall-paintings of Buddhist Shrines in Central Asia*（recovered by Sir Aurel Stein）. London:Oxford University Press, 1948.

5　[日]山崎一雄：《法隆寺金堂及び五重塔に使用された颜料の化学的研究》，《美术研究》1945年。

6　夏鼐：《漫谈敦煌千佛洞和考古学》，《文物参考资料》1951年第5期。

7　常书鸿：《漫谈古代壁画技术》，《文物参考资料》1958年第11期。

图34 敦煌周边山中的敦煌土、颜料山　　图35 敦煌周边的颜料矿

玉、苏伯民、夏寅等学者的研究成果为主要代表。这些文章分析各个时期的颜料化学成分、颜色种类、颜料的矿物来源，分析推断出古代颜料的产地，以各种种类、成分、类别的颜料为切入点，针对某一时期、地区、石窟进行深入研究，但未对颜料产地与分布概况做出横向对比与总结。因此本章节在这些科学研究成果的基础上对颜料的成分、矿物来源、产地和分布概况进行汇总、概述。

颜料从属性和成分上一般分为矿物颜料、植物颜料和人工制造颜料。在历代敦煌壁画的颜料检测中，发现使用最广泛的是矿物颜料，其具有发色性能好、耐久性强、不易变色等特点，还具有色质稳、色相美、肌理美等优点，在敦煌壁画的绘制中有着不可替代的作用，使壁画历经一千五百多年仍保持明艳。（图36）

中国绘画传统中的"五色说"，将东方的色彩归纳成青、赤、黄、白、黑，这样的色彩体系在敦煌壁画的用色上得到了显见的应用。笔者以"五色说"为基础，结合现代色彩体系，将颜料分为红、蓝、绿、白、黄、黑几种颜色，对目前已知敦煌壁画所采用的颜料按照矿物和植物类别进行分类汇总（见表格1-1），并对颜料的主要来源产地进行简要概述。

图36 敦煌石粉彩绘壁画所用矿物颜料

（一）红色系列

敦煌壁画中红色系颜料有朱砂、朱磦、银朱、铅丹、绛矾、红土、赭石等。

朱砂：莫高窟早期壁画中的朱砂和铅丹应该是从印度、阿富汗等中亚国家传入新疆，再传入敦煌。[8] 据说隋唐至宋元明时期，辰州（今湖南省沅陵县）朱砂甚好，因此朱砂得名"辰砂"，其主要产地集中在湖南、贵州、四川、云南、广东、广西等地。因为朱砂使用广泛，当时敦煌地区所用的优质朱砂大都来源于南方地区。中晚唐时大约因吐蕃入侵河西地区，战事频繁，敦煌与中原地区隔绝。很长一段时间，晚唐壁画中朱砂的应用较少，也可以从侧面证明这一点。

朱磦：朱磦来自朱砂，是将朱砂研磨成粉后，用胶水研漂法，从浮在表层较细的粉末中分离出来的比朱砂略黄一些的颜料。[9]

---

8 李最雄：《敦煌莫高窟唐代绘画颜料分析研究》，《敦煌研究》2002年第4期。
9 陈江晓：《敦煌石窟壁画色彩研究》，硕士学位论文，西南大学，2005年。

银朱：人工合成的红色颜料。《摹印传灯》提及"银朱以漳州（福建漳州）汞炼者为上，猩红则不入品"，此种颜料以福建漳州的为佳，敦煌地区所使用的银朱应来自内地。

铅丹：人工合成的红色颜料。将铅加热到600℃，制成一氧化铅（PbO），再在450℃—480℃时进行酸化，即可制成铅丹。敦煌早期的铅丹是从印度、阿富汗等中亚国家通过丝绸之路传入新疆，再传入敦煌的。

绛矾：绛矾可由绿矾焙烧制得，制作绛矾的矿产资源应来自敦煌及周边地区、山西、河南等地。我国古代有近30种文献记载了关于敦煌一带（瓜、沙二州）出产黄矾、绿矾、绛矾、金星矾（铁矾）的情况。我国近代地质学创始人之一的章鸿钊先生将黄矾、绛矾按史料所述标在他绘制的《矿产图》的敦煌、安西两县境内[10]。《本草纲目·石三·绿矾》中也提道："绿矾，晋地（山西东南部）、河内（河南沁阳）、西安、沙州皆出之，状如焰消。其中拣出深青莹净者，即为青矾。煅过变赤，则为绛矾。入圬墁及漆匠家多用之。"[11]

土红、赭石：根据现代地质科学勘探和找矿普查所得资料可知，具有工业意义的铁矿在敦煌及其邻近县的分布为敦煌县4个，安西县11个，阿克塞哈萨克族自治县3个，肃北蒙古族自治县40个……古代瓜州、沙州有大量可作天然土红颜料的赤铁矿，还有可供焙烧制取绛矾的黄铁矿资源。[12] 并且当时土红已经从河西地区出产的赤铁矿中大量制得。[13] 这些信息进一步说明土红是敦煌本地出产的颜料，不是从中亚传入的。

（二）蓝色系列

敦煌壁画中蓝色系矿物颜料有青金石、鬼子蓝、石青，还有比例极少的植物颜料靛蓝等。唐代莫高窟壁画彩塑中的蓝色颜料，基本全是石青，少量是青金石，偶尔在石青中掺加少量石绿、氯铜矿或青金石。

10　章鸿钊：《古矿录》，北京：地质出版社，1954年。

11　［明］李时珍：《本草纲目·金石部》，影印文渊阁四库全书第772册，中国台北：商务印书馆，1983年。

12　王进玉：《敦煌壁画中使用的绛矾及其它含铁颜料》，《敦煌研究》1986年第4期。

13　李最雄：《敦煌莫高窟唐代绘画颜料分析研究》，《敦煌研究》2002年第4期。

青金石：自古以来只有阿富汗、苏联等几个国家有此矿产。敦煌莫高窟壁画中的天然青金石是从阿富汗、印度等国传入新疆，再传入敦煌的。另外，据有关资料证明，中国还未发现青金石产地的记载。[14]

鬼子蓝：又名群青，晚清时欧洲合成群青输入我国……据笔者调查统计，莫高窟清代彩塑中应用群青颜料的约占多数。[15]

石青：又名蓝铜矿，石青可能出产于敦煌附近的祁连山一带。唐代敦煌壁画中石青已经取代昂贵的青金石，占据了主导地位。据推测，当时可能是在河西地区的祁连山一带找到了蓝铜矿，并掌握了其制作技术。

（三）绿色系列

绿色系列有石绿、绿盐、氯铜矿、水氯化铜、绿泥石等矿物颜料。氯铜矿在自然界铜氧化带常与蓝铜矿、孔雀石伴生，它们在颜色、外观等方面极其相似，因此难以寻找纯净的氯铜矿，在检测的样本中，经常出现石绿与氯铜矿同时混合存在的情况。敦煌壁画绿色颜料的来源，存在三种可能：第一是敦煌地区自有氯铜矿资源，第二是来自河西祁连山一带出产的石绿，或由中原地区传入石绿颜料，第三是仍从中亚地区阿富汗、新疆等地传入。

石绿：一种说法是指从孔雀石中提取出的碱性铜碳酸盐，还有另一种说法指自然界中天然矿石研磨成的颜色统称为石绿。到了唐代，工匠们可能已经用河西祁连山一带出产的孔雀石生产石绿，也可能从中原传入石绿。[16]（图37）

绿盐：氧化铜，又名盐绿、铜绿。新疆龟兹地区拥有丰富的矿藏，从秦汉时期开始，龟兹已有铸冶技术。从克孜尔石窟中的绿色颜料可知，在3世纪时，龟兹人民已经掌握了提纯绿盐的办法。唐代苏敬《新修本草》："绿盐出焉耆国（西域名），水中石下取之，状如扁青、空青，为眼药之要。"五代李珣《海药本草》："绿盐，出波斯国，生石上，舶上将来谓之石绿，装色久而不变。中国以铜、醋造者，不堪入药，色也不久。"由此可知，壁画中的绿盐很可能出自新疆、西域、波

---

14 李最雄：《敦煌莫高窟唐代绘画颜料分析研究》，《敦煌研究》2002年第4期。
15 王进玉：《敦煌石窟合成群青颜料的研究》，《敦煌研究》2000年第1期。
16 同注14。

图37　敦煌石粉彩绘壁画所用天然矿物颜料

斯国（今伊朗）等地区。

氯铜矿：自然界有两种，即氯铜矿和水氯铜矿。前者颜色深于石绿；后者更深，为蓝绿色。不稳定，易失水变成氯铜矿结构。[17] 李最雄先生认为敦煌莫高窟壁画中的绿色颜料中的氯铜矿，早期也是从阿富汗等国传入新疆，再传入敦煌的。（图38）

（四）白色系列

白色系颜料有高岭土、白垩粉、滑石粉、云母、铅粉、石膏等，白色颜料矿物到处都有生产，同时容易加工，因此都能在敦煌本地取材。敦煌鸣沙山和莫高窟的

17　周国信：《麦积山石窟壁画、彩塑无机颜料的X射线衍射分析》，《考古》1991年第8期。

图38 敦煌壁画中的绿色（敦煌莫高窟第220窟，南壁，阿弥陀经变局部，初唐）

崖岩砂石中常可见到云母，莫高窟南面不远处水沟坡中还有天然云母矿。[18] 石膏是古代敦煌地区的重要矿产。敦煌藏经洞遗书S.5448号《敦煌录一卷》有记载，《新唐书·地理志》《元和郡县志》《通典》"沙州"条下所列的贡品中都有石膏，《清一统志》《敦煌录》《甘肃新通志》均有相关记载。以上资料均可证明敦煌壁画石膏的来源。

（五）黄色系列

敦煌黄色颜料包括土黄、密陀僧、雄黄、雌黄、黄铜粉、金泥等几种。

土黄：据一些资料记载，中国的甘肃及新疆地区多有独生的土黄矿，所以敦煌

18　王进玉：《敦煌石窟艺术应用颜料的产地之谜》，《文物保护与考古科学》2003年第3期。

艺术所用土黄也应该取自本地或周边地区。[19]

密陀僧：人工合成黄色颜料。"密陀僧"本是波斯语mirdā sang的音译，由于唐代中国曾从波斯输入该物而得名。《新修本草》（即《唐本草》）谓其"形似黄龙齿而坚重……出波斯国，一名没多僧，并胡言也"。王冬松、王红梅在《唐代敦煌艺术中的黄色颜料考》中提到中国古代用于指称"密陀僧"的应该是"黄丹"。不过在隋代以前，"密陀僧"与"铅丹"共用"黄丹"之名，后为了避免混淆，遂用"密陀僧"专指一氧化铅。

雄黄、雌黄：雌黄又名石黄。敦煌本地即出产石黄，《太平寰宇记·陇西道》"沙州"条下载"雌黄州""出雌黄、丹砂极妙"。又，敦煌东边的凉州也往往有石黄伴随雄黄而生。陶弘景《名医别录》云："雄黄生武都、敦煌山之阳""始以齐初凉州平市微有所得，……见有挟雌黄"。由于石黄、雄黄多相伴而生，因此不论是敦煌本地还是周边地区都不缺此物。（图39）

金泥：从敦煌遗书等史料记载来看，当地所用金箔大都是朝廷赏赐或从内地购买的。《宋会要辑稿》详细记载了瓜、沙二州的朝贡及朝廷诏赐等物品的实况："景德元年（1004）四月，宗寿遣使以良玉名马来贡。且言：'本州僧惠藏乞赐师号、龙光、灵图二寺修像计金十万箔，愿赐之'。"[20]

（六）黑色系列

黑色颜料较为常见，在原始社会时期已经被人们使用，壁画中出现的主要为铁黑、碳黑、二氧化铅几种。

1. 碳黑：碳黑是墓室壁画中使用最多的黑色颜料，简单易得，可以就地取材。

2. 铁黑：又名磁黑，磁铁矿的分布很广，在俄罗斯、北美、巴西、澳大利亚和中国辽宁鞍山、安徽铜陵等地区都有规模性发现。[21]

3. 二氧化铅：由铅丹或者含铅颜料变色、氧化而生成，因此敦煌壁画中部分黑色为二氧化铅。

19　王冬松，王红梅：《唐代敦煌艺术中的黄色颜料考》，《美术大观》2015年第2期。
20　王进玉：《敦煌石窟艺术应用颜料的产地之谜》，《文物保护与考古科学》2003年第3期。
21　高枫，高福君：《天然氧化铁颜料生产与加工研究（上）》，《中国涂料》2021年第12期。

图39 敦煌壁画中的黄色(敦煌莫高窟第158窟,北壁,各国王子举哀图,中唐)

表1-1 敦煌颜料来源——矿物统计

色相	颜色名称	其他名称	矿物名称	矿物化学名	矿物产地	颜色参考
红色	朱砂	辰砂	辰砂	硫化汞	隋之前从印度、阿富汗等中亚国家传入新疆，再传入敦煌。隋唐以后主要来自中原地区，来自敦煌附近的质量不高	
	朱磦	朱磦	辰砂	硫化汞	来自朱砂	
	银朱	紫粉霜		硫化汞	人工合成	
	铅丹	黄丹 红丹		四氧化三铅	人工合成，从印度、阿富汗等中亚国家传入新疆，再传入敦煌	
	绛矾	矾红	硫酸盐类矿物	硫酸亚铁	山西、河南、甘肃等地	棕红色
	土红	铁红 红土	赤铁矿	50%—60%三氧化二铁	全国大范围分布，敦煌壁画红土、赭石可能来自古代瓜州、沙州（今敦煌、安西），河西地区	
	赭石	土朱	赤铁矿	三氧化二铁		
蓝色	青金石	佛青 天然群青	青金石矿	硅铝酸钠钙盐	阿富汗巴达克、俄罗斯，市场在于阗（新疆和田）	
	鬼子蓝	合成群青		硅铝酸钠钙盐	人工合成，从欧洲传入	
	石青		蓝铜矿	碱性铜碳酸盐	中原西南、东南、西北（敦煌、河西祁连山）	

色相	颜色名称	其他名称	矿物名称	矿物化学名	矿物产地	颜色参考
绿色	石绿		孔雀石	碱性铜碳酸盐	波斯国、敦煌、中原、河西祁连山	
	水氯铜矿		水氯铜矿	氯化物、溴化物、碘化物	氯铜矿吸水变为水氯铜矿	浅绿蓝色至浅蓝绿色，有时带浅黄色调
	氯铜矿		氯铜矿	碱式氯化铜	阿富汗、新疆、甘肃，敦煌有少量人工合成	
	绿盐	铜绿 铜青 盐绿	氯铜矿	氯化铜	波斯（现伊朗）国、西域、新疆	
	绿泥石		铝硅酸矿物	碳化硅		
白色	高岭土	白土	高岭石族黏土矿物	高岭石族黏土矿物	敦煌	
	白垩粉	白善土 画粉	方解石矿物	碳酸钙	敦煌	
	滑石粉	画粉 腻粉	硅酸盐矿物	硅酸盐	敦煌	
	云母		造岩矿物	铝硅酸盐	敦煌	
	铅粉	亚铅华 官粉 胡粉	铅	60%—80%氧化铅，20%—40%铅	敦煌	
	石膏	熟石膏 半生石膏	硫酸盐矿物		敦煌周边：石膏山（敦煌青墩峡泉），唐代沙州城（敦煌城西南），安西石膏（踏实南独子、长子山附近），三危山	

59

色相	颜色名称	其他名称	矿物名称	矿物化学名	矿物产地	颜色参考
黄色	土黄	黄赭石	含氧化铁或氢氧化铁的黏土矿物	氧化铁 氢氧化铁混合	敦煌及周边地区	
	密陀僧	铅黄、九光丹、炉底		一氧化铅	人工合成，从波斯传入	
	雄黄		硫化砷矿物	四硫化四砷	敦煌	
	雌黄	石黄	硫化砷矿物	三硫化二砷	敦煌	
	黄铜粉		黄铜矿	铜锌合金		
黄色	金泥	真金粉	金	金	朝廷赏赐或内地购买	
黑色	二氧化铅			二氧化铅	由铅丹反应而成	
	碳黑		炭粉	碳	含碳物质（煤、天然气、重油、燃料油等）在空气不足的条件下 经不完全燃烧或受热分解而成	
	铁黑	磁黑	磁铁矿	四氧化三铁	俄罗斯、北美、巴西、澳大利亚和中国辽宁鞍山、安徽铜陵等国家和地区	

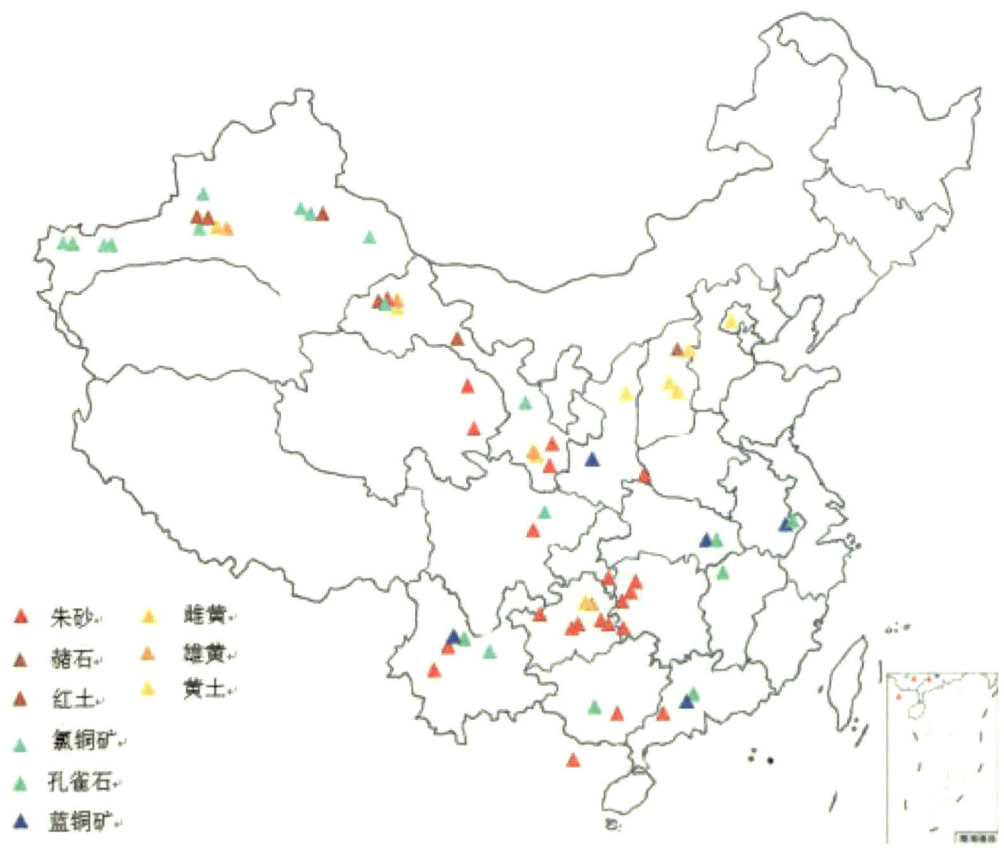

矿物颜料分布图[22]

敦煌壁画中除了大量使用矿物颜料之外，还将一些植物颜料应用在内，但因为植物自身的特性，以及石窟的光照、气候等保存条件，保留至今的植物颜料并不多。据一些资料记载，从唐代壁画和雕塑中分析检验得出，仅有胭脂、藤黄、黄檗、靛蓝这几种颜色。

胭脂：又名红花、红蓝花，来自菊科植物红蓝花。唐慎微在《证类本草》引《本草图经》有云："红蓝花，即红花也，生梁汉及西域，今处处有之……叶颇似蓝，故有蓝名，又名黄蓝。"唐代五代时期，敦煌地区是生产红花的重要区域之一，而且还将红花纳为官府的赋税之一。在敦煌文献中，可以看到大量关于红花的记载，如敦煌遗书记载"红蓝柒硕叁斗""红花一百二十一斤"，P.3396《沙州诸

---

22 图出自李海磊：《4—6世纪中国北方地区壁画色彩技术及应用研究》，博士学位论文，上海大学，2019年。

渠诸人粟田历》记录了 10 世纪左右敦煌诸渠瓜粟田种红蓝的面积。俄藏Дx2168号文献《敦煌县孟受渠康章六等瓜粟田纳蓝历》也是一件有关敦煌种蓝、纳蓝的重要文书。[23] 由此可以推测，在敦煌壁画中使用的胭脂颜料应该来自敦煌本地。

藤黄：是以其原产地柬埔寨（Cambodia）来命名的，原植物为常绿乔木，主要分布在热带地区。敦煌艺术品中藤黄使用得不多，莫高窟第328窟初唐时的供养菩萨，9世纪绢画《持红莲菩萨立像幡》以及8世纪中期的《佛传图幡残片》均检测出了藤黄，但在文献中并未发现藤黄之名，可能在当地有别名，这些有待进一步的考证。

黄檗：别名黄柏、黄木，芸香科黄柏属落叶乔木。唐代文献记载主要在川陕之间。如《元和郡县志》记载兴州顺政县北武兴山"多漆及黄蘗（檗）"，《唐六典》记载（陕西）"金州之栀子、黄檗"，《新唐书·地理志》记载金州汉阴郡土贡黄檗亦在今陕西汉中、汉阴一带。此后的文献多载以川产黄檗为佳。因此，敦煌地区所用的黄檗，应该主要来自内陆地区。[24]

靛蓝：又称为靛青，颜料从植物蓝草中提取出。靛蓝常用于衬色或者罩色，主要为石青衬底。如《营造法式·彩画作制度》记载："彩画之制，先遍衬底，次以草色和粉，分衬所画之物，其衬色上方布细色，或叠晕或分间剔填。"[25] 莫高窟第328窟的一尊供养菩萨塑像中分析出了靛蓝。在出土唐代敦煌文献中也有对靛蓝的记载。如英藏S.3227v号敦煌唐写本字书在残存的"彩色部"中记载有"蓼滥（蓝）"[26]。在稍晚的俄藏敦煌文献Дx02822号《蒙学字书》的"颜色部"中亦记载有"青淀（靛）"[27]，说明靛蓝在敦煌本地也较为常见，壁画上使用的靛蓝可能出自敦煌本地。

23　王冬松：《"红花""胭脂"考——兼论唐代敦煌艺术中的红色植物颜料》，《艺术探索》2013年第3期。

24　王冬松，李诗芸.唐代敦煌绘画与雕塑的植物色考察[J].华侨大学学报（哲学社会科学版），2013年1月。

25　[宋]李诫：《营造法式：第14卷》，邹其昌点校，北京：人民出版社，2006年。

26　张涌泉：《敦煌经部文献合集·小学字书之属》，北京：中华书局，2008年。

27　俄罗斯科学院东方研究所圣彼得堡分所藏敦煌文献，上海：上海古籍出版社；莫斯科：俄罗斯科学出版社东方文学部，1998年。

八

敦煌壁画的颜料构成:石粉及其他

（一）敦煌壁画中使用的石粉颜料

1. 敦煌壁画早期使用的石粉颜料

敦煌莫高窟最早开凿年代在公元366年，早期从前秦至北朝时期两百多年，历经十六国大分裂时期，以及前秦与北朝五国，多个政权都出资派人在敦煌开凿了石窟。此时由于交通运输条件的限制和工艺发展的局限性，石窟中壁画常用的石粉颜料多由敦煌当地或邻近地区开采和加工制造，而且在壁画绘制的过程中颜料的使用和互相调和已经出现，但相对后世还较少。在壁画中青色、红色、绿色、白色等主要颜色大面积使用，呈现出古朴分明、颜色浓郁、对比强烈的特点。

在《敦煌莫高窟唐代绘画颜料分析研究》中，作者李最雄在论证壁画中使用红色颜料成分时指出，敦煌壁画在早期多使用红土作为红色颜料。红土即赤铁矿，又名赭石，是敦煌本地有大量产出的矿物，在莫高窟的十六国、北魏、西魏和北周时期开凿的洞窟中，其壁画红色颜料检测成分都证实了这一点。20世纪80年代的《莫高窟壁画、彩塑无机颜料的X射线剖析报告》中也有提及北魏263窟壁画中由红土和铅丹、朱砂和铅丹混合使用的案例，但朱砂和铅丹在此时期的用量都很小，推测朱砂是由外地传入敦煌地区，在此时期还较为珍贵的缘故。而铅丹则是汉代起就大量作为红色颜料使用的人工合成颜料，与天然开采、不改变矿物的化学成分和矿物结构的石粉颜料是有本质区别的。（图40）

敦煌壁画早期使用的黄色颜料较少，但在北魏时期的壁画中提取的黄色部分检测出了蛇纹石、高岭土，以及石膏和滑石等黏土成分调制成的淡黄色颜料。蛇纹石是敦煌本地出产的一种玉石，颜色通常非常淡，有白色、淡黄色、淡绿色等。黄色部分基本由黄金绘制，也有少量黄色以蛇纹石为主要显色材料。但由于其颜色显色度较低，也有一说认为蛇纹石更应归为非颜料成分。在北凉时期的壁画中也检测出了一氧化铅的黄色颜料成分，一氧化铅即后期所称"密陀僧"。在唐代，敦煌壁画中使用的密陀僧有波斯进口的黄色矿物颜料，以至于早期的研究多认为密陀僧颜料是从外国进口的黄色颜料，但实际上中国本土对其发现和使用更早，也有人造高纯度一氧化铅的实物出土案例，足以为此误论正名。

十六国至北朝时期壁画中常用的绿色颜料，通过检测发现其主要来自氯铜矿。在关于壁画颜料的检测报告中，早期壁画中的豆绿色、灰绿色等其他绿色系的颜色中都有氯铜矿成分。氯铜矿原矿呈苹果绿色，也有与石青颜料调和使用的情况。检测报告

图40 敦煌莫高窟第263窟,壁画,北魏

中还多发现了石膏,推测可能是将石膏作为氯铜矿和石青颜料石粉的黏合剂,也可能利用石膏本身的白色调和出更丰富的颜色,以增加画面的层次,丰富画面效果。

在早期壁画中,绿色颜料的成分检测偶会出现石青颜料,也是中国传统绘画中常用的天然矿物颜料之一。但石青矿物名为蓝铜矿,本身呈明艳的宝蓝色,经过碾碎,反复煮沸、澄清、漂洗等工序后,会变成浓郁的靛青色。石青在敦煌壁画蓝色中的使用占有一定比重,但在早期的壁画中蓝色颜料更为著名的是从外国传入的青金石。青金石是天然群青色,是一种珍贵的玉石,在敦煌壁画中的使用可以说从北凉一直到元代都有。其颜色在绘画中有天蓝色、深蓝色、浅蓝色、紫蓝色、灰色和浅灰色等。造成青金石有如此多颜色变化的因素也是多样的,有因年代久远而脱落,有因底色和调和的颜色不同,也有青金石在制作颜料过程中存在不同级别的石粉显色不同,等等。前文中述及红色颜料时提到的不同成分的红色颜料混用的情况在青金石中却较少出现,青金石颜料基本没有出现与同类色如石青颜料调和混用的情况,仅有与石膏、石英粉等必需的黏合剂混合使用的情况。(图41)

图41 北朝壁画中的颜色(敦煌莫高窟第296窟,窟顶北披,福田经变局部,北周)

关于敦煌壁画中被大量使用作为底色以及提亮、敷色的白色颜料，在北魏至五代时期的壁画颜料检测报告显示，基本含有锌元素，这是氧化锌作为白色颜料在早期壁画中被大量使用的佐证。氧化锌可以说是敦煌壁画中最早被大量使用的人工合成颜料之一。同时期作为红色颜料使用的铅丹虽然在汉代就已经被作为红色颜料大量使用，但在敦煌壁画的检测结果中体现出的用量很少，很可能是由外地传入敦煌的原因。而氧化锌的大量使用很有可能是敦煌地区在敦煌壁画的早期就已经可以熟练加工制造氧化锌的佐证。同样被作为白色颜料大量使用的还有高岭土、白垩土、石膏等，这些原料在后期也被延续使用，是性质非常稳定的白色颜料。

除了上述的颜料成分外，还有一种在敦煌早期壁画中已经出现的银色颜料，其成分主要为敦煌本地云母矿中产出的云母石。云母石作为无机石粉颜料的成分，却有似金属一样的反光性能，且其本色也与其他石粉颜料不同，可以有多种颜色鲜艳的固有色。早期的敦煌壁画颜料成分检测中，云母有作为闪粉添加到其他颜料中使用的情况，也有单独作为银色颜料使用的情况，其独特的光泽无疑为早期的壁画添加了一抹耀眼的光彩。

2. 敦煌壁画在隋唐时期使用的石粉颜料

敦煌石窟艺术发展在隋唐时期就逐渐进入了被广泛认为的在艺术发展创新层面的高峰期，而这一时期所使用的颜料和绘画技法也有很多创新，最常见的就是不同颜色的颜料调和使用的情况大大增加，对壁画颜色的层次感和丰富程度都有极大的影响。

隋代壁画中使用的颜料成分与早期壁画中的基本一致，除了后期修复的彩绘外，在检测报告中少有见到新材料，对颜料的材料和使用革新主要出现在唐代。唐代使用的红色颜料，成分与早期的一致，但不同成分的用量有所变化。初唐时期使用的红色颜料就从红土变为朱砂，还有少量的铅丹。进入盛唐以及中唐时期，铅丹的比例在不断增加，以至中唐时期铅丹的使用已经远远超过朱砂。但到了晚唐时期，由于河西地区赤铁矿的大量开采，红土颜料的比例又大大增加了，铅丹和朱砂的使用又逐渐减少。除了主要的红土和朱砂作为此时期常见的红色颜料之外，隋唐时期同样作为红色颜料使用的还有绛矾。绛矾由敦煌当地开采的绿矾矿加工制成，北宋时期的《图经本草》中就已经详细介绍了绛矾的制作方法，并在宋代成为常用的红色颜料之一。（图42）

图42 敦煌莫高窟第420窟,窟顶东披,观音普门品(局部),隋代

隋唐时期常用的黄色颜料相较于其他颜色较少，黄色颜料主要的成分除了黄金和有机植物颜料，也有使用敦煌当地产出的黄土和黄色的高岭土的情况。在唐代墓室壁画中经常使用的石黄颜料在敦煌壁画中却几乎没有检测到，很可能是当地不产石黄的原因。但敦煌壁画中也有很多外地运输颜料的情况，如密陀僧等颜料在唐代也有从国外引进的情况。盛唐末期的彩塑中使用的黄色颜料检测出了石黄的成分，但壁画中却极少见，因此敦煌壁画中极少检测出石黄颜料可能还有其他未知的原因。

密陀僧化学成分实际为一氧化铅，古代也称"黄丹"，早在北凉时期的壁画中就有少量使用一氧化铅作为黄色颜料的例子。在唐代其他遗址的密陀僧出土文物中，也有纯度极高的，推测可能为人工合成颜料。根据文献记载推测，可能在公元前4世纪左右中国地区就已经发现和开始使用密陀僧了，由此可以证明敦煌当地的人们对于一氧化铅的认知远早于进口颜料密陀僧，但是唐代时期敦煌壁画中使用的密陀僧也有由波斯地区进口到中国的情况。（图43、图44）

唐代时期敦煌壁画中使用的绿色颜料情况与红色颜料类似，在不同的时期有不同的主要成分。早期壁画中常作为绿色颜料使用的氯铜矿在此时期仍有大量检测成

图44 敦煌莫高窟第323窟，南壁，中间为华尔纳揭取壁画痕迹

图43 敦煌莫高窟第159窟,西壁北侧,伎乐出行图,中唐

分，但主要集中于盛唐与中唐时期。初唐与晚唐时期绿色颜料成分中就混入了石青、石英石等其他成分，但到五代以后又回到以氯铜矿为主要绿色颜料了。（图45）

总体而言，敦煌壁画中使用的绿色颜料成分，氯铜矿的使用远远大于其他绿色颜料如石青等。根据壁画颜料检测的结果可以直观地发现，敦煌壁画中的氯铜矿颜料从早期就开始大量使用，但此时还常有石绿、石青颜料等混合成分，说明此时的氯铜矿多为天然开采后经过简单提纯加工的。到唐代以后，壁画中就大量检测出纯度极高的氯铜矿颜料，几乎没有与其他青绿色颜料混合使用的情况了。由此基本可以判断此时人造氯铜矿的技术已经成熟，因此才有了五代时期青绿山水壁画在敦煌壁画中的大量呈现。

隋唐时期敦煌壁画中大量使用的蓝色颜料也有在早期壁画中常作为蓝色颜料使用的青金石。在20世纪50年代的敦煌莫高窟考古发掘中，盛有蓝色颜料的调色碟在一些洞窟中被发现，主要散布于第53—44窟和第487—488窟，据考证这些洞窟最迟使用到唐代时期。这些调色碟的发现大大推进了关于敦煌壁画中蓝色颜料成分的研究。因为以往从壁画上直接刮取颜料进行检测，多会因为底色使用了各种白色颜料以及非颜料成分而对蓝色颜料的成分分析造成难以避免的影响，其次是由于敦煌壁画中多用多层颜料反复罩染的绘画技法，导致表层的颜料会受到下层颜料成分的影响。调色碟的发现则解决了这两个问题，且对敦煌壁画中蓝色颜料的成分研究大有助力，也能更直观地对当时颜料的调配比例、颜料使用的方式方法进行研究。

对调色碟进行研究后发现蓝色颜料主要成分为青金石，其中还含有明显的未调和均匀的白色颜料，成分为石膏。这说明在唐代青金石是可以与石膏调和成深浅

图45　敦煌莫高窟第320窟，南壁，飞天，盛唐

不同的蓝色颜料用于壁画的绘制中的。同时期的其他颜料检测中也经常出现石膏成分，说明石膏是当时常用的调节颜色深浅的成分之一。其中青金石除了与石膏调和使用之外，也有与蛇纹石调和使用的案例。这更加从侧面说明了唐代壁画的层次与丰富程度都大有提高是离不开当时在颜料的使用中运用了许多更为灵活的方法的。

　　隋唐时期大量作为底色的白颜料成分主要为高岭土、白垩土和石膏，其中石膏也常作为调和颜色与绘画使用的白色。高岭土在敦煌早期的壁画中就常作为绘画直接使用的白色，而白垩土则作为底色使用较多，但由于其性质稳定，日本也常有将其作为修复使用的白色颜料的案例。唐代作为主要白色颜料使用的还有方解石，其矿物本色浅，质地较通透，是敦煌当地有大量产出的一种矿物，不过其虽然在唐代多在绘画中使用，但也有说法认为方解石属于非颜料成分，因为在敦煌早期的壁画颜料成分检测中，方解石不常作为显色成分出现。除了这些主要的白色颜料外，还有滑石粉、石英石、云母等矿物也有作为白色颜料使用的案例，但更多是在其他颜色的成分检测中混合了这些成分，少有大面积、成分较纯的案例。推测这些成分更多是作为调和色或石粉颜料的黏合剂等，因此除云母在敦煌早期的壁画中作为银色颜料和白色颜料使用外，石英石和滑石粉多被归类为非颜料成分，而云母在唐代壁画以后也不再大量使用了。（图46、图47）

图47　敦煌莫高窟第332窟，南壁，涅槃经变出殡图，初唐

图46 敦煌莫高窟第335窟，东壁门上，"垂拱二年"题记，初唐

隋唐时期敦煌壁画颜料的检测报告中，对壁画使用的颜料的分析与对颜料使用方式、技法的研究体现出了在此时期敦煌壁画的高速发展与成熟。通过敦煌地区对颜料使用的区别，我们可以大致推测当时颜料提炼与制造技术的发展，其他地区和国家与敦煌地区的交通往来、贸易等情况，同样这也是敦煌石窟壁画发展到隋唐时期的情况的现实例证。

3. 敦煌壁画在五代宋元至明清时期使用的石粉颜料

隋唐以后，敦煌莫高窟的开凿和加工逐渐减少，五代至宋元时期敦煌壁画中常用的石粉颜料成分与前代非常相似，但也有一些早期较少使用的颜料，在宋代由于炮制技术的成熟等，在一定程度上提升了使用率。明清时期已经极少有新的洞窟开凿，但有对早期石窟中的壁画和彩绘进行重新敷色等修复工作，在这些重新敷色的颜料中可以找到一些当时使用的新颜料的样本。

前文中提到过的绿矾矿，在宋代已经有十分完整、成熟的加工方式和辨别技巧。绿矾矿原矿石为绿色，但由于颜色深、透明度低，并不作为绿色使用，而是常用作调和深色的颜料或染黑色使用。将绿矾制作为绛矾，在《图经本草》中记载为"……取此一物置于铁板上，聚碳封之，囊袋吹令火炽，其矾即沸流出，色赤如融金汁者真也。看沸走汁尽，去火待冷，取出按为末，色似黄丹。"尽管宋代，绛矾已经十分容易制作获得，敦煌壁画中最常使用的红色颜料成分还是本地出产的红土等含铁颜料矿，可见在敦煌的石窟壁画绘制中，稳定性强、易于取得的颜料多作为画工们的首选材料。

这一推测同样适用于其他色相的颜料成分分析结果。在敦煌壁画绿色颜料的各种成分中，最典型的案例就是氯铜矿的大量使用在晚唐至五代时期开启了敦煌壁画中青绿山水画的盛况。绘制于五代时期的《五台山图》就是其中最典型的篇幅之一，其他说法图中也大量出现了青绿山水的背景。五代以后，氯铜矿使用量远远超过石绿颜料的使用，是敦煌壁画中绿色颜料的最主要成分。（图48、图49）

进入清代晚期，蓝色颜料的成分发生了较大的变化。此前常作为蓝色颜料使用的矿物多为青金石，即天然群青。18世纪西方国家开始大量制造合成群青，并且在1830年后将其大量使用于艺术颜料中。晚清时期，合成群青颜料从欧洲传入我国。由于其量大廉价、颜色鲜艳、容易获取，合成群青颜料传入我国之后几乎立即被广泛使用在各家教派的彩绘当中。19世纪，我国开始制造国产的合成群青，此后就少

图48 敦煌莫高窟第427窟,前室顶木椽,曹元忠修窟题记,宋代

图49 敦煌莫高窟第61窟,西壁,五台山图之五台县和大建安寺,五代

有合成群青的大量进口了。

在这样的背景下,晚清时期对敦煌壁画和彩塑的敷色中,合成群青的使用也十分常见。王进玉《敦煌石窟合成群青颜料的研究》一文就详细统计了莫高窟从晚清到民国时期使用了合成群青重修的彩塑、建筑彩绘等案例,并对合成群青、石青和天然群青的成分进行了详细的分析和区别,纠正了过往颜料分析报告中将清代彩塑中使用的合成群青误认为是青金石的错误,并指出清代莫高窟的蓝色颜料中已经不再使用青金石颜料的事实。

（二）敦煌壁画中使用的其他颜料

1. 敦煌壁画中使用的金属颜料

敦煌壁画中使用量最大的是无机石粉颜料，因此现在临摹绘制敦煌壁画的作品也常被称为石粉彩绘。由前文描述可知，无机石粉颜料均来自天然开采的矿物，其中不同的矿石有不同的化学成分即显色，其中大部分矿石中含有金属化学成分，如氯铜矿、赤铁矿、密陀僧，以及各类含矾矿物和含铅矿物，但由于其性质属于无机矿物，因此不能因为其含有金属的化学成分就将其归为金属颜料。

敦煌壁画中的金属颜料最常见的就是黄金。壁画中使用的黄金有多种形态和绘制技法，其中最典型的属于壁画的技法称为"沥粉堆金"，是将高岭土、滑石粉等壁画做底的原料加入胶调和成糊状，通过挤压的方式在壁画表面先糊上泥条，再用金粉或金箔敷在泥条表面，使金色的部分更加突出，且有立体的效果。在有敦煌壁画"最美菩萨"之称的第57窟《南壁说法图》中，左侧的胁侍菩萨身上穿戴的首饰和衣服上就使用了这样的绘制技法，让此尊菩萨彩绘看上去秀美华贵，服饰有富丽堂皇的观感。（图50）

沥粉堆金的绘制技法虽也使用金粉，但与泥金的使用方法还是不同的。泥金从技法上来看，是将金粉直接调和绘画用胶使其呈泥状，再用毛笔蘸取金泥在画面上敷色，实际上的绘制技法与石粉颜料几乎一致，也由于绘画面积和笔法的区别，泥金有涂金、描金之细分。而金箔更多使用的技法是贴金，这一技法在敦煌壁画中从北魏开始一直到元代都有使用，主要用于人物皮肤、铠甲、藻井和背光中的纹饰等处，唐代开始在佛像彩塑中也有使用，后世更是有佛像通体贴金的用法，以突出佛身份地位的特殊性。其他人物如菩萨和弟子身上的贴金则多用于服饰上的点缀。（图51）

黄金作为贵重金属，在敦煌壁画中的大量使用佐证了敦煌壁画的绘制，乃至敦煌莫高窟的建造都耗费了大量人力物力，更何况在敦煌壁画中出现的昂贵原料并不只有黄金，青金石、蛇纹石等优质玉石也在壁画彩绘中被大量发现。这更能体现敦煌壁画极尽奢华的绘制过程，这些都是敦煌壁画能被称为我国当之无愧的艺术瑰宝的重要例证。（图52）

图50 敦煌莫高窟第57窟,南壁,观音菩萨,初唐

图51 敦煌莫高窟第61窟,东壁北侧,回鹘天公主曹延禄姬供养像,五代

图52 敦煌莫高窟第465窟,南壁,大幻金刚,元代

2. 敦煌壁画中使用的有机颜料

有机颜料通常指提取于生物中的颜料，如胭脂虫红、胭脂、藤黄、花青等，都是传统绘画中常用的有机颜料。但在壁画中，有机颜料十分少见，这主要是因为壁画当中有机颜料常具有附着性差、稳定性差等特点。在文献记载中可以找到的敦煌彩绘中使用的有机颜料有胭脂、藤黄、黄柏、墨等，但除了墨（或碳黑）在周国信《敦煌西千佛洞壁画彩塑颜料剖析报告》的检测结果中有所体现，其他有机颜料均未见诸检测报告，这也是有机颜料用于壁画上难以保存的证明。

由此，我们可以得出基本的结论，即敦煌石窟壁画中使用量最大的为无机石粉颜料，并且壁画和彩绘中所使用的各种成分的无机石粉颜料都经过了漫长的时间的打磨，在保留了早期大量天然石粉颜料的基础上，历朝历代均有其创新和引进的各种颜色。敦煌石窟壁画由于历史久远，受到了复杂多变的历史和环境变化影响，给后世的颜料成分采集和分析造成了许多困难。然而各界学者们经过坚持不懈的考察研究，现在已经将敦煌壁画中颜料的各类成分和其来源、演变、环境影响、成分变性、显色变化等问题一一攻克，总结出了详细而完整的各色、各时期的报告，成为后世研究敦煌壁画的颜色复原、绘制技术和色彩构成的宝贵资料。

九

敦煌石窟及壁画的作者

敦煌石窟属于庞大的艺术综合体，不是仅靠画家就能完成的，需要各个团队如基础工程、建筑、泥水、木工、材料、颜料加工、壁画、雕塑、书法等通力协作完成。在石窟勘查中，留下姓名的画工或工匠不多，也有些散见于文献中。

（一）工匠与工匠作品的定位

"工匠"这个名词本身就是宽泛而变动的，《文子·微明篇》中将天地之间分为二十五等人，当中的"次五等人"为"士人""工人""虞人""晨人""商人"，"工人"位列第二。敦煌文献P.2518号唐代后期的《二十五等人图并序》中对"工人"的定位是"工人者艺士也，非隐非仕，不农不商，虽有操持之劳，信谓代之妙，或专粉缋之最，或在医巫之能，百伎无妨，济身之要，华佗负千右（古）之誉，般业有百代之名；禄在其中，工人之上，虽无四（士）人之常业，常有济世之能，此工人之妙也"。

这里认为"工人"是一种"艺士"，具有特殊的技术，与包括士人在内的其他阶层的人一样有济世的能力。这里的两处文献对工匠的说法有所差异，但我们可以确定的一点是：工匠泛指具有特殊技艺并以此为生的阶层。

现在我们对"工匠"工作性质的认识，是在供求基础上进行某种应用技艺，是"被动的""机械重复的"，可是我们不能忽略工匠的制作产生了诸多艺术品，尤其是当工匠的工作超越了他所属的社会阶层，制作动机不再仅限于商业，其制作过程也就不是简单的技能重复。敦煌的工匠就是很好的例子：从壁画、塑像展示出的造型中，我们可以感受到伟大的艺术高度。但我们也不能因此把艺术家和工匠等同起来，与美术史上文人画论、画史记载的画家不同，人们讨论工匠时仅关注其作品，而鲜少有对创造者个人的研究。究其原因，工匠往往名不见经传，几乎没有生平可考，这导致我们对工匠的认识是一个群体性的模糊概念，我们只能通过一个时期工匠的作品推测创作者所处的社会环境、生活境遇。

回到本章的主角——敦煌古代工匠，他们同所有工匠一样，各司其职、技艺精湛，以一套高效有序的建窟程序代代相传，传承敦煌石窟独特的艺术特色。他们是敦煌石窟高度的艺术成就的创造者，但他们的姓名、身世湮没在滚滚的历史长河中，如果想要了解辉煌的敦煌石窟是如何诞生的，就需要从文物和历史的蛛丝马迹中刻画出敦煌古代工匠的模样，让他们为我们讲述敦煌石窟营造的故事。（图53）

图53　敦煌莫高窟第220窟，主室北壁，药师经变，初唐

（二）文献与图像中的工匠

1. 敦煌遗书中的工匠

工匠的身影散布于浩如烟海的敦煌遗书，但其并没有专门讲述敦煌工匠的文献，与之有关的记载大多出现在官府及寺院收支账目，佛窟营造的碑、铭、赞中。

敦煌文献官府、寺院收支账目中有大量对敦煌工匠食、住等生活开支方面的记载，这与当时工匠的社会生活、雇佣工匠的"行规"等有很大关系，从中也可以窥测古代敦煌地区手工业的发展。此外，通过这类文书还可以推测出当时石窟营建时长、工匠的使用情况。敦煌文献CH.00207《乾德四年五月九日归义军节度使曹元忠夫妇修北大像功德记》中记载了宋乾德四年（966）五、六月曹元忠与夫人翟氏组织重修莫高窟北大像的记录："……廿十三日下手拆……六月二日功毕……助修勾当：应管内外都僧统辨正大师赐钢惠、释门僧政原启、释门僧政信力、都头知子弟虞候索幸恩、一十二寺每寺僧十二人；木匠五十六人、泥匠十人……"

不到半月的工程需要木匠和泥匠工66人，僧人144人，加上钢惠、原启、信力、索幸恩，至少有200人的队伍。营建一个石窟大致需要百人的工匠团队，营造时长往往在几个月，可见当时对工匠的需求量极大，营造声势浩大。

还有诸多记述营建的碑、诸多佛窟营造礼赞文书中都有对工匠的描述，这能够帮助我们了解到大部分工匠的工种、建造活动。"乃召巧匠，选工师，穷天下之谲诡，尽人间之丽饰。"（敦煌文献P.2551《李君碑》）"匠来奇妙，笔写具三十二相无亏；工召幽仙，彩妆而八十众（种）好圆满。"（敦煌文献P.3556《康贤照邈真赞》）"……不逾数稔，良工斯就，内素并华。"（敦煌文献P.4640《翟家碑》）"罄舍房资。贸工兴役，于是鍪锤竞奋，块圠磅轰，硗确耴山，宏开虚洞。……郢人尽善以钚镘，匠者运斩而逞巧。"（敦煌文献P.4640《翟家碑》）

通过这些礼赞文书，我们可以一窥当时雇主们招募工匠的情况，窟主大多是当地名门，也有邑社合资的洞窟，工匠是作为辅助赞颂窟主人的"功德"的——招募贤能工匠是窟主积攒自身德行的一部分，因此只有一些高级工匠留下了姓名。令人欣慰的是，这些营造过程中人们对工匠技艺的歌颂、对工匠成果的赞美，让我们感受到不论何时他们对于艺术的贡献都是值得充分肯定和仰望的。

2. 敦煌壁画中的工匠

除了敦煌遗书中的零星碎片，还有一条线索指向敦煌的工匠——敦煌壁画。敦煌壁画中描绘工匠更为直观，从壁画、绢画供养人画像和题记中可以看到工匠的供养像和题名。供养人画像是研究工匠不同职能、身份高低的重要资料，洞窟营建时出资出力的佛教徒，为了虔诚奉佛，时时供养，功德不绝，留名后世，他们往往手捧香花或灯明列队礼拜，榜书题名。如在第303窟的隋代"画师平咄子"的供养人像，他身体微微前倾，颔首站立着，右手持灯具，左手捧香炉，即使面容模糊，依然可看出他的虔诚，旁边有画师平咄子手迹。从题记记载的工匠供养人的职务看，他们都是高级工匠或在节度府衙有职务的工匠，如莫高窟第196窟的题记有纸匠都料何员住、纸匠何员定，第39窟有木行都料像奴；榆林窟第34窟有兵马使兼弓行都料赵安定、金银行都料郁迟宝令，第35窟有画匠武宝琳、都勾当画院院使竺保，等等。也有因社会因素、规模等影响出现历经几个朝代陆续完成壁画的情况，画上留下不同时代工匠的身影。（图54、图55）

在壁画修佛、摹佛图中还可以见到工匠的面貌和营建活动的过程，如第454窟宋代壁画完整描绘了木工的作业过程，拉斧、雕刻、丈量紧张而井然有序；第72窟

图54　敦煌莫高窟第303窟，中心柱，隋代

图55 敦煌莫高窟第196窟,西壁北侧,劳度叉斗圣变局部,晚唐

的《修塑大佛图》直接描绘工匠们绘制佛像的场面：大像前搭起了脚手架、木梯，工匠们赤裸着上身辛勤劳作着；榆林窟第3窟《千手千眼观音变相图》中有酿酒、冶铁的工匠。这些宝贵的图像为我们展现了古代敦煌工匠劳作的热情以及石窟营造的兴盛之景。（图56）

图56　敦煌莫高窟第72窟，南壁，刘萨诃因缘变，五代

（三）工匠的分类

马德先生在《敦煌古代工匠研究》中将"工匠"大体分为两类，第一类是为人们提供劳动工具和衣、食、住、行的"工匠"，如瓦匠、染布匠、鞍匠；第二类是从事文化艺术活动的、最具敦煌特色的"工匠"，如画匠、塑匠。本节主要对第二类工匠从职能和级别上进行分类。

1. 工匠职能分类

敦煌古代工匠的分类与石窟营造的程序密不可分。建造一个洞窟，大致需要几个步骤：选择造窟崖面、凿窟、绘制壁画彩塑、修造殿堂或窟檐。其中，壁画、彩塑的制作有大量工序：敦煌壁画的制作分为地仗制作、绘制壁画两方面；敦煌彩塑的制作技艺主要有搭骨架、制泥、塑造、敷彩四个方面。

依据石窟营造时不同工序的职能进行分类，敦煌工匠可以分为以下几类：

打窟人：选择好开窟位置后凿窟的工匠，也就是石匠。在文献中并没有把打窟人记载为匠人，可能因为技术难度较低，并没有固定统一的组织。如："设打窟人细供拾伍分、贰胡饼。"（敦煌文献P.2641）

泥匠：负责制作壁画地仗的泥皮、为窟前木构建筑垒造墙壁。有技术级别之分，最高级别为博士级的泥匠，在敦煌文献中记载有托壁匠。如："粟壹硕肆斗，付泥匠令狐友德用。"（敦煌文献S.5039）

灰匠：负责制作白灰。白灰的使用主要在石窟崖面的露天部分和前室壁画的灰层地仗。

木匠：主要是建造窟檐。从设计、计算、施工都是由不同技术级别的木匠负责。如："二月十八日，……又出白面伍升，供木匠任珪一日食。"（敦煌文献S.6233）

塑匠：负责窟内塑像的制作，制作塑像的匠人只负责泥塑而不承担彩绘部分。一个洞窟中塑像的造型需要统一设计，所以塑匠亦有不同高低职位。塑匠是因唐五代敦煌佛教文化发展需要而产生的一种特殊手工业，其行业管理机构是伎术院，行业中设都料，敦煌文献P.3964《乙未年赵僧子典儿契》记载赵僧子为塑匠。敦煌文献P.3490号记载塑匠张建宗、塑匠令狐博士及造局度屈塑匠木匠等。

画匠：负责洞窟壁画、泥塑、窟檐等整个需要彩绘装饰的部分。画匠的级别各异，并且有师徒关系，董保德曾任画行都料。画匠是艺术成就的使者，因此，在敦煌文献中对画匠有诸多美誉，通称"良工""巧匠"，专称有"丹青""丹笔""知画手"，尊称为"匠伯""画师""丹青上士"等。（图57）

2. 工匠级别分类

各行各业的工匠有技术层次的差别，分为以下几个级别。

都料：规划、组织、管理所在行业的工匠，由官府授予头衔，是级别最高的总

图57　敦煌莫高窟第220窟，北壁，药师经变之胡旋舞，初唐

工匠，负责规划、领导这一行业的项目，有的类似于工程总指挥。都料不是每个行业都有，一般设在技术要求高、艺术性明显的行业，在现存姓名的工匠中，大多是都料级别。

博士：从事高难度、具有专门技艺的人，能够独立承担一项任务的高级工匠，在各行各业都设有博士。从敦煌籍帐文书来看，敦煌工匠至少在吐蕃统治时期就有称工匠为博士的记载，如《吐蕃占领敦煌时期某寺白面破历》："六月一日，出白面捌硕，付金紫、充擀毡博士食。"（敦煌文献S.3074）到归义军时期和唐五代时期，"博士"与"匠"并用，把工匠称为博士已成为敦煌地区的习惯，如《年代不明粟破历》：七月"廿七口，泥佛殿看博士用"（敦煌文献P.3713）。

师：从事绘画、雕塑的艺术门类，都料、博士、塑匠都可以被称为师，有"老师""师傅"的含义。画师、塑师的地位高于一般工匠，在泥、铁、木等行业没有

"师"的说法。

生（人、院生）：从事绘画、雕塑的工匠，同师一样从事艺术行业，级别与匠一样，画人亦称画匠，院生可能指在敦煌学习技术的学生，是师的生徒。

（四）工匠的社会生活和地位

敦煌的各类工匠主要来自官府、寺院、个体三方面。也有一些官府、贵族子弟参与工匠劳作，画窟写经，当然他们并不受官府制约，而是对于信仰和艺术的顶礼膜拜。

官府使役的工匠由各地征调的工匠和流放罪犯组成，这类工匠、都料、画院使具有官府授予的称号"节度押衙"，留名者有董保德、索章三、雷延美等。根据敦煌文书中官府、寺院使役工匠记载，在施工期间由官府、寺院定量给工匠提供饮食。

八日，供造鼓床木匠九人，逐日早上各面一升，午时各胡饼两枚，至十五日午时料断，中间八日，用面一石四斗四升。（敦煌文献S.1366）

泥匠二人，早上馎饦，午时各胡饼两枚；供柒日，食断。

铁匠史奴奴等贰人，早上馎饦，午时各胡饼叁枚，供壹日，食断。

金银匠捌人，早上馎饦，午时各胡饼两枚，供两日，食断。

造鼓木匠捌人，早上馎饦，午时各胡饼两枚，供伍日，食断。（敦煌文献P.2641）

敦煌寺院的工匠有寺院内部的僧侣、常住百姓，也有雇佣来的民间百姓，主要进行世俗性生产、宗教活动，亦属于奴隶性质受寺院控制。并且官府和寺院所属工匠时常相互派遣，因此寺院为工匠提供饮食和报酬情况也与官府情况相似。僧侣们从事修造、开窟、画塑等活动十分普遍，这类工匠不需要承担赋税徭役。还有贵族担任的都料出资供养寺僧的情况。寺院如同一个时代商品经济的缩影，经济繁荣的隋唐时期，付给工匠的钱比较稳定，而一旦社会变化，在敦煌的吐蕃时期，只能以实物（小麦、布匹之类）作为寺院内工匠的报酬。辛苦劳作的寺院工匠不仅维持着敦煌寺院经济，还是创造敦煌艺术的主要人群。早期寺院中的僧人主要是来自西域

图58 敦煌莫高窟南区

的高僧、画师,他们既有高超的绘画技艺又有对佛经的深刻理解,在敦煌禅修时开凿了早期的洞窟,此时并不存在寺院雇佣关系。到了唐代,官府、寺院雇佣来自中原、本土的画师,往往工匠们视开窟为奉献自己的虔诚之心、积累功德,所以常常取少量报酬或者义务劳动。(图58)

个体手工业者也作为匠人参与洞窟营建。他们的生活水平和社会地位较好,作为平民百姓具有人身自由,也有自己的土地和财产,有偿受雇于寺院或者官府。如敦煌遗书中有平民氾英振,作为博士泥匠与寺院签订"平章"的契约,并不是受雇的关系。马德先生提到,也有可能一些技艺较高的工匠具有较高地位而受到尊重,在市场需求较大的情况下,他们能够有与雇主对等甚至高于雇主的姿态,并且收取更高的工价。

马德先生在《敦煌古代工匠》中认为,官府、寺院的饮食供给情况反映出"工匠"待遇不周、生活之贫困,即使是高级工匠也只能达到果腹的水准,鲜有类似画行都料董保德"家资丰足,衣食有余"者。雇方不论劳勤强度和劳动时间长短,所供的主食定量皆同,表明官府或寺院对于"工匠"采取的是奴役态度,许多"工匠"作为"常役"终身受雇建造窟室，如敦煌文献S.5641、P.3211等卷《王梵志诗》中所描述的："工匠莫学巧，巧即他人使。身是自来奴，妻是官家婢"。而吴立行先生在《考工记：工匠·功能·风格》中的观点与此相反。首先，他认为"供食"与"工价"应该合在一起看，才能视为"工匠"的总体"工价"。其次，敦煌遗书中大量对"工匠"饮食开销的详细记录，说明当时工匠市场已成稳定的系统，并非普遍认为的"工匠"总是被奴役和压迫。再次，郑炳林先生从工人借贷种子的记载中看出，工人除了手工业活动之外还进行耕种，拥有土地和家庭。最后，敦煌遗书中有诸多资料记载雇主到工地视察时也往往不会空手而去，总会对"工匠"稍有一些慰劳或招待（"屈"或"看"）之类的；寺院对营造期间工人的伤病、丧事给予慰问和丧仪，在举行宗教仪式时对"工匠"也有特别的招待。潘汶汛在《唐及唐以前敦煌壁画设色研究及其在现代绘画的影响》中也认为"工匠"生活虽谈不上富足，但也不至于贫苦，而且他们的劳动作为对佛教艺术的建设工程更加淡化了世俗对人们阶级、贫富差别的意识。

我们透过壁画、彩绘、文献逐渐构建出敦煌古代工匠的面貌，与敦煌艺术的创造者们谈话。如今人们依旧能够直接感受到敦煌工匠的奉献与创造力。旷世之变未能湮灭工匠们对艺术的伟大贡献，他们给予当今艺术家无限的想象与灵感。

十

敦煌壁画的题材和内容

《后汉书·郡国志》引《耆旧记》中说，敦煌乃"华戎所交，一都会也"。敦煌石窟就是在这种东西文明互相碰撞、交融的背景下创建的。古代敦煌的艺术创作不仅是我国各族人民才智与创造力的融合，同时也在中外交流中汲取了印度、伊朗、希腊的宗教与艺术带来的启迪。

敦煌艺术的性质是佛教艺术，想要欣赏了解敦煌艺术，首先要把握佛教艺术的题材。同样的，从其雕塑、壁画等各个方面，亦可探知佛教艺术的题材或内容，以及各时代风格、表现、技巧等的发展。

此外，值得一提的是，敦煌艺术除了佛教性质外，还具有强烈的民间性质。敦煌石窟不是像龙门石窟等皇家营造性质的石窟，而是依靠当地世家大族与包括流动人口在内的一般民众的共同参与、靠民众一代又一代持续的宗教热情完成的逾千年的营造。例如被称为"翟家窟"的第220窟，便是由翟玄迈、翟思远、翟通、翟奉达等数代人由贞观年间起历经整个唐代不断营造修饰的家庙。民众参与的这一特点在壁画的供养人像部分有明显体现。（图59）

敦煌艺术包括建筑、塑像、壁画等，是一个整体。敦煌洞窟内的塑像和壁画是

图59　敦煌莫高窟第220窟，甬道北壁，翟奉达等供养像，五代

互相联系的，主尊塑像的头光和背光可以用绘画的方式画于壁上，佛龛侧壁上的壁画与龛内塑像也是相配的主题。敦煌艺术包罗万象，按照不同的分类方法可以分为不同的类别。其中，从内容与题材来分类，塑像主要有佛、菩萨、弟子、天王、力士像等，壁画则可大体分为尊像画、故事画、经变画、佛教史迹画、传统神话题材画、供养人像和装饰图案七大类。

（一）尊像画

敦煌艺术的本体是佛教艺术，因此佛教画像在敦煌壁画中占据了很大的比例。尊像画几乎遍及敦煌各个时代、各个石窟，形成了庞大的尊像画系统。尊像画主要是指佛国世界人物画，包括佛、菩萨、佛教弟子、四方天王以及佛教高僧等。尊像造型有的单独出现；有的在故事画、经变画、佛教史记画中有出现，是其中重要的构成要素。尊像画与佛教故事画、经变画相比，有着形式简约、内容单纯的特点。（图60）

图60　莫高窟第100窟，窟顶东北角，东方提多罗吒天王，五代

（二）故事画

　　故事画通过简洁的绘画形象来宣扬佛经故事，是宣扬佛教教义的重要方式。敦煌壁画中的佛教故事画约占壁画总面积的20%，其开端于北凉时期，这个时期的故事画多为单幅画，并有同一主题频繁出现的特点。题材上直接采用西域式的佛教壁画题材，融合了一些中原绘画特点，形成了早期具有中西交融特色的敦煌风格。画师选取佛教故事中最具表现力的一个场景来表达整个故事，画面故事情节较为简单，如北凉第275窟《月光王施头本生》，作为敦煌壁画中最早的本生故事之一，其画面只表现了月光王向外道劳度叉献头的一个场面。在北周至隋代时期，是故事画绘制数量最多的繁盛时期。到了唐代，经变画逐渐替代了故事画的主流位置。故事画作为佛教艺术最早的表现形式之一，内容情节丰富生动而又通俗易懂，易为僧俗大众所理解和接受，这也是故事画普遍存在于早期壁画形式的重要原因。（图61）

（三）经变画

　　经变画主要流行于隋朝及以后的佛教艺术，敦煌的经变画种类多达三十余种，如阿弥陀经变、维摩诘经变、弥勒经变、法华经变等。所谓经变画，"经"即佛经，绝大多数经变画取材自与之相对应的佛经。"变"是指通过绘画或雕塑的形式来表现佛经的内容、故事、哲理，又称"变相"，如果是用文字的方式来表述佛经，则称为"变文"。故"经变画"指的便是依据一部佛经作品来进行绘制的绘画作品。

　　经变画最早出现于东晋时期，南北朝时期的敦煌经变画相对较少。这一时期的敦煌经变画沿用了故事画已有的长卷式连环画手法，逐步展开佛经中的相关情节，尚未在结构上进行大的改动。隋朝是经变画的重要演变时期，这一阶段经变画表现形式趋于多样化，对人物、建筑、山水树木的排列进行了多种尝试，从沿用故事画构图形式转变为以建筑或山水为主体表现佛国世界，使空间表现更加庄严宏大，其形式正在逐步改变洞窟中壁画的布局，并为唐代经变画的繁荣鼎盛与其基本构成形式的确立奠定了基础。唐代时佛教进入全盛时期，敦煌的大型经变画也随着大乘佛教盛行，以"说法式"为中心的中轴对称格局的构图成为最流行的构图形式。（图62）

图61　敦煌莫高窟第275窟，月光王施头本生，北凉

图62　敦煌莫高窟第220窟，主室南壁，阿弥陀经变（下端为胡旋舞场景），初唐

（四）佛教史迹画

佛教史迹故事画是讲述高僧或佛教圣迹传说故事的图画，其题材多来自《法显传》《大唐西域记》《西域传》等文献著作以及有关各个高僧、圣迹的记载，对于研究佛教东传有重要的史料意义。

初唐时期，佛教史迹画开始出现于敦煌石窟艺术中，在中、晚唐时期得到了快速发展。与其他类别相比，佛教史迹画在敦煌壁画中数量并不多，例如初唐第323窟主室北壁的《张骞出使西域图》，是敦煌唯一保存下来的《张骞出使西域图》。在第323窟中，在南北两壁上由西至东排列着由汉代到隋代的八个故事，排列以时间为序，壁画榜题上注明了年代及画面情节，其中最著名的便是主室北壁的张骞出使西域图了。然而值得注意的是，张骞出使西域的原因并非榜题中所写的"前汉中宗既获金人，莫知名号，乃使博望侯张骞往西域大夏国问名号时"，壁画内容与史实相悖，可能是释僧为了抬高佛教地位的附会之作。佛教史迹画的出现是佛教中国化的标志，具有很高的历史价值和艺术价值。（图63）

图63 敦煌莫高窟第323窟，北壁，张骞出使西域，初唐

（五）传统神话题材画

神话题材是敦煌壁画中一个特殊的类别，神话题材属道教题材。在佛教石窟中出现道教题材绘画，反映了佛教艺术和道教艺术的交流与融合，显现出佛教艺术本土化的趋势及其包容性。敦煌壁画中神话题材壁画的数量并不多，但神话形象种类丰富，出现了诸多如伏羲、女娲、东王公、西王母、雷公、辟电、风神、雨师等中国古代传说中的神怪，并在多个装饰部位与历史时期皆有出现。

神话题材壁画的出现时间可以追溯到战国后期，该题材从祠堂、宫殿进入陵墓与石窟，已然失去了在神话中的原始意义，转变成了保护死者安宁或引导灵魂升天的仙人。在敦煌壁画中，神话题材多数出现于早期敦煌艺术中，只有小部分零散于隋、唐。西魏时，孝文帝推行汉化运动，中原文化传入敦煌，神话题材随南北方交流进入敦煌石窟。这一时期神话题材壁画集中存于西魏第249窟和西魏第285窟，这两个石窟中拥有的神话形象数量最多、种类最全。到了北周时期，神话题材种类趋于单一，多为西王母的出行场景，隋代亦是如此。到唐代则基本没有神话题材形象的踪迹了，只有少数异兽或自然神形象出现。（图64）

图64　敦煌莫高窟第285窟，窟顶东披，伏羲与女娲，西魏

（六）供养人像

供养人像是宗教"功德像"，在供养人像旁题有供养人本人的姓名，有些还会写明职衔籍贯。其虽然是有真人为原型的，属于肖像画的范畴，但因大批量制作而趋于程式化，有千人一面的倾向。到唐代这一模式被逐渐打破，越来越多不同的人物特点得以被刻画出来。供养人像是当时现实世界人物的直接描绘与反映，记录了大量当时人物衣冠服饰等图像信息，成为第一手资料，具有重要的历史价值和研究价值。

供养人像在敦煌诸多石窟中皆有出现，其中第428窟最多，在窟中心柱和四壁下部有多达一千一百多身的供养人像。从第428窟残存的题记可以看出，受建平公的号召，这些来自河西各地的供养人积极回应，以个人身份参与营造这个敦煌早期规模最大的石窟。庶民以个人身份参与石窟的营造与供养，不是单独营造独立的石窟，而是在别人营造好的石窟内出资，在窟内取得一片位置进行供养人像的绘画。世家豪族则采取开窟营造的方式来显示氏族与谱系，根据铭文及题记等文字资料的记载，在西魏大统年间（535—551），阴氏一族参与莫高窟第285窟的修建，这是世家豪族在敦煌参与石窟营造的最早记录。而建窟最多的是敦煌李氏，在莫高窟曾建七窟，营造时间横跨整个唐代。敦煌石窟营造史，某种程度上来说也是敦煌的世家豪族史。（图65）

图65　敦煌莫高窟第428窟，供养人像，北周

101

敦煌壁画的装饰图案内容丰富，几何类图案、花卉类图案、动物类图案皆有出现，也有以飞天伎乐作为装饰图案的。装饰图案本身佛教教义内涵较为易见，其一般作为主体画面的陪衬出现，既起到对塑像和大幅壁画的划分和衬托作用，同时也独立存在，极具艺术表现力，起到了重要的美化装饰作用。

装饰图案在协调洞窟内容、装点洞窟美观的同时，也在历代发展中形成了自身特有的时代风格和特点。从敦煌的早期壁画作品到晚期壁画作品中可以看出装饰图案经历的由简至繁的过程，并且每个阶段都具有不同的装饰特点。早期的敦煌壁画的装饰图案以几何形状和动物形象为主，到唐代内容更加丰富，主体也转变为植物形象。敦煌装饰图案发展到后期，几乎每种纹饰图案都形成了相应的程式且各具文化审美阐释。装饰图案不仅仅是形式美的表达，更是饱含文化内涵的象征。敦煌装饰图案既继承了本土艺术传统，又接受并融合了印度、中亚、西亚的艺术风格，东西交融、兼容并包、博采众长，在千年的发展和积淀中衍化成具有独特艺术美学的敦煌装饰图案体系。（图66）

图66 敦煌莫高窟第320窟,藻井图案,盛唐

十一

敦煌壁画的粉本画稿

张大千敦煌粉本长期以来存在争议,焦点是粉本是否为他亲笔所绘,这种争议定格在1941—1943年间。我们现在所见藏于各地的诸多粉本都署名为张大千粉本,时段有1941—1943年居敦煌时期,也有此时段之前和之后。当然,要完全区分哪件是张大千先生的手迹粉本,或许是很难的。但毫无疑问,张大千先生及其团队共同完成了那个艰难岁月中在敦煌执着于艺术的绘画艺术之旅。张大千先生及其团队在敦煌究竟留下了多少粉本,恐怕先生本人也是模糊的,因为对艺术家而言,不会去刻意关注创作作品的数量。(图67)

张大千粉本出现在艺术品市场上,早见于2004年中国嘉德拍卖公司秋季拍卖场。一幅张大千1943年作巨幅《敦煌壁画粉本》(200厘米×205厘米,立轴,水墨纸本)引起关注。画上有张大千题识:"南无千手千眼观世音菩萨暨大梵天王赴法会场面,此一段在敦煌莫高窟编号三百零八,盛唐剧迹也,癸未春日尽半月力临抚一遍,同年腊月书于成都昭觉寺。"钱君匋先生题诗堂:"张大千临抚敦煌壁画剧迹。甲戌(1994)莫春钱君匋八十九。"刘力上[28]题:"此图为先师大千居士临摹敦煌画稿,时余奉召入窟之后一年。另有一本,遵师命依原作赋色,今不知落何处矣。日者获观,恍若师尊神在,课余于石室中也。庚寅(1950)夏,门人刘力上题。"并钤印:大千居士、张爰、张爰之印、大千。并有曹大铁、何海霞、史树青

图67 张大千,释迦牟尼涅槃像,四川省博物院藏

---

28 刘力上,1916年生,又名力尚,别名刘岂,江苏江都人,擅国画。早年在家乡上私塾,后到上海拜为国画大师张大千的入室弟子,随张大千先生学习人物画、山水画。中华人民共和国成立后任川西文联美术协会国画组组长,1953年调北京中国美术研究所任教,传授中国画传统技法重彩。

等人跋记。这件耗时半月的粉本巨作在当时引起轰动,在艺术品市场处于上升阶段,以100万元起拍的价格足见其罕见。

2012年,北京中国嘉德拍卖公司秋季拍卖推出"忆梅庵长物"专场,其中一批敦煌壁画摹本和供养人题记拓片引人注目。张大千和罗寄梅的名字又一次出现在人们眼前,这多少关乎敦煌荣辱的名字——几十年来人们在猜测、揣摩、愤怒和谅解等情感纠结中接受一些"事实"。对待过去的历史,我们要有一颗宽容的心。2013年岁末,为期三个多月的"煌煌大观"敦煌艺术展在浙江美术馆展出,一批张大千先生的敦煌壁画线性画稿又让人们激动不已。庐江草堂也藏有一批等大敦煌莫高窟壁画纸本线性画稿,上有文字编号为张大千所编窟号,以"C"字打头,如C二七九前右、C六九前左一、C六九前左二等字样。另外,画稿对所绘人物的各个部分用色做了详细的标注,如胡子、嘴唇、眉毛、眉心、璎珞、服饰、肤色等都做了颜色标注,字体为繁体。每幅画稿的包装卷纸为民国三十四年(1945)前后的《中央日报》,吸满油渍,且画稿用纸也见油渍。此油渍非人为污染,而是画稿描绘的一种技巧。这批20世纪40年代的精美敦煌壁画纸本线性画稿,既和目前所见张大千敦煌纸本线性画稿有相似之处,也有很大的不同,有相当高的文献价值和艺术价值。(图68)

图68 民国34年(1945)《"中央"日报》包裹着的敦煌壁画粉本稿,庐江草堂藏

（一）画稿、粉本等词史海钩沉

沙武田先生在《敦煌画稿研究》一书中对莫高窟藏经洞出土画稿文献做了详细的考究和分析，并对画稿、粉本等概念做了学术梳理。沙武田先生在谈到敦煌画稿的重要性时说："从表象上看，敦煌画稿研究课题是属于藏经洞文献文物范畴，而事实上远非如此。……从现有的资料看，敦煌绘画艺术品主要有洞窟壁画、彩塑、藏经洞绢画、麻布画、纸本画、各类纺织品、幡画等，画稿与他们之间关系密切。可以说画稿是敦煌艺术研究的基础。"[29] 本章所谈的敦煌壁画画稿是20世纪张大千在敦煌时期留存的纸本线性画稿，类似于传统的白描稿、墨线稿，是对沙武田先生敦煌粉本画稿的延续性探讨和研究。显然，这里有几个概念如粉本、画稿、样稿、小样、画样、刺孔、白描、白画、摹本、素描稿、墨线稿、线描、草稿等需要我们区分一下。这些概念的出现，显然是中国绘画创作过程中重要的一环和步骤，也符合隋唐时期及以后"每作一画，必先起草，按文挥洒"[30] 的创作习惯。中国绘画的创作过程中，包含有写、绘、描、摹、拓等的过程。先秦时期的诸多文献提到"绘""素"等概念。《论语·八佾》曰："子夏问曰：'巧笑倩兮，美目盼兮，素以为绚兮。何谓也？'子曰：'绘事后素。'曰：'礼后乎？'子曰：'起予者商也，始可与言诗已矣！'"同一时期的先秦文献《周礼·考工记》中也提出了类似的观点。《周礼·冬官考工记第六》记载："画缋[31]之事，杂五色。东方谓之青，南方谓之赤，西方谓之白，北方谓之黑，天谓之玄，地谓之黄。……五采，备谓之绣。土以黄，其象方天时变。火以圜，山以章，水以龙，鸟兽蛇。杂四时五色之位以章之，谓之巧。凡画缋之事后素功。"[32] 这一中国绘画史上的重要命题，从东汉郑玄作注"绘画，文也。凡绘画，先布众色，然后以素分布其间，以成其文"开始，两千年来争论不休。尽管如此，绘画依然按照自然发展的规律在实践着，无论是卷轴画，还是壁画，展现在我们面前的实物留存保留了一些真相。理论的解读随着岁月的流逝总会存在偏差，让我们还是回到敦煌壁画中去寻找那些关于

---

29 沙武田：《敦煌画稿研究》，北京：民族出版社，2006年，第1页。

30 陈高华：《隋唐画家史料》，北京：文物出版社，1987年，第104页。

31 "缋"同"绘"。清代陈鸿墀于《全唐文纪事·卷首》评论元稹《献事表》一文"机理淹畅，不事雕缋，唐文之又一格也"。

32 ［南宋］朱熹：《四书章句集注》，北京：中华书局，1996年，第63页。

"绘""素"等的真实意义。（图69）

粉本、画稿是什么？这是中国绘画中用得较多的两个熟词。粉本一词的出现，目前可知为唐代。似乎先有粉本，再有画稿一词。唐时见有"拓画"[33]一词。唐代朱景玄在《唐朝名画录》中载："臣无粉本，并记在心。"王十朋集注："唐明皇令吴道子往貌嘉陵山水，回奏云：'臣无粉本，并记在心。'"和朱景玄同一时期的晚唐诗人韩偓（842—923）在《玉山樵人集·商山道中诗》中写道："却忆往年看粉本，始知名画见工夫。"显然，这里的粉本概念区别于完成的画作，作"画稿"理解是无误的。到北宋苏东坡，也多次言及"粉本"。如《阎立本职贡图诗》中有"贞观之德来万邦，浩如沧海吞河江，音容伧狞服奇庞。横绝岭海逾涛泷，珍禽瑰产争牵扛，名王解辫却盖幢。粉本遗墨开明窗，我嗟而作心未降，魏征封伦恨不双。"[34] 苏东坡在《书黄鲁直画跋后》中写道："画有六法，赋彩拂澹，其一

图69 《敦煌粉本画稿》，刺孔与线稿，英国大英博物馆藏

---

33 ［唐］张彦远：《历代名画记》卷二《论画体工用拓写》："古时好拓画，十得七八，不失神采笔踪。"

34 ［北宋］苏轼：《东坡诗集》卷二十。唐代阎立本《职贡图》，绢本，设色，台北"故宫博物院"藏。据唐人张彦远《历代名画记》记载："职贡图卤簿等图，与立德皆同制之。"阎立本画职贡图事，又见之于苏东坡记载。画前题签唐"阎立本职贡图"字迹也略有裁缺。惟本卷是否出于阎立本画，殊难证明，但北宋徽宗时《宣和画谱》已记载阎氏《职贡图》且画中有北宋宣和印记，即令印记为伪，至迟北宋时也有所本。

也，工尤难之。此画本出国手，只用墨笔，盖唐人所谓粉本。而近岁画师，乃为赋彩，使此六君子者，皆涓然作何郎傅粉面，故不为鲁直所取，然其实善本也。绍圣二年正月十二日，思无邪斋书。"苏东坡的这则跋记实则是和黄庭坚关于《北齐校书图》"真伪"的一段画史公案。黄庭坚认为自藏《北齐校书图》为伪作，苏东坡觉得是高手之"粉本"，为近期画师在墨笔粉本上赋彩，将六位男士脸部都敷上了浓厚的白粉。[35]

和苏东坡差不多同一时期的鉴赏家和理论家郭若虚提出了"副本小样"和"画样"的概念。苏东坡也提出过"画样"概念。是不是对同样画稿的不同称呼，现不得而知，但这是个有意思的称谓。画样一词见于唐人笔记。唐人张鷟在《朝野佥载》卷六中说："尹神童每说，伯乐令其子执《马经》画样以求马，经年无有似者。归以告父，乃更令求之，出见大虾蟆，谓父曰：'得一马，略与相同，而不能具。'伯乐曰：'何也？'对曰：'其隆颅跌目脊郁缩，但蹄不如累趋尔。'伯乐曰：'此马好跳踯，不堪也。'子笑乃止。"苏东坡在《红梅诗》中言："乞与徐熙[36]新画样，竹间璀璨出斜枝。"北宋郭若虚《图画见闻志》里提到修复相国寺时写道："治平乙巳岁雨患，大相国寺以汴河势高，沟渠失治，寺庭四廊，悉遭淹浸，圮塌殆尽。其墙壁皆高文进等画，惟大殿东西走马廊相对门庑，不能为害。……其余四面廊壁皆重修复，后集今时名手李元济等，用内府所藏副本小样重临仿者，其间作用各有新意焉。""赵元德，长安人，天复中入蜀。杂工佛道鬼神、山水屋木。偶唐季丧乱之际，得隋唐名手画样百余本，故所学精博。有《汉高祖过丰沛》《盘车》《讲学》《丰稔图》传于世。""袁仁厚，蜀人。早师李文才，乾德中至阙下，未久还蜀，因求得前贤画样十余本持归……"显然，此处的画样、副本小样都为画的样式。（图70）

到南宋时，粉本的概念再次出现在绘画理论中。南宋邓椿在《画继》中谈道：

---

35 《北齐校书图》，原为北齐杨子华绘，今见为宋代摹本，绢本设色，美国波士顿博物馆藏。据宋代黄庭坚《画记》、黄伯思《东观余论》等书记载，《北齐校书图》是宋摹本残卷。据画卷题跋，原为杨子华所画，唐代画家阎立本再稿。画中所记是北齐天保七年（556）文宣帝高洋命樊逊等人刊校五经诸史的故事。画面居中是坐在榻上的四位士大夫，或展卷沉思，或执笔书写，细节描写精微，旁边侍女也各具情致。

36 徐熙，五代南唐画家。画史有"黄家富贵，徐熙野逸"之谓。他的花鸟画落笔颇重，只要略施丹粉，骨气过人，时称"江南花鸟，始于徐家""下笔成珍，挥毫可范"。作品有"意出古人之外"而创立"清新洒脱"的风格。可谓"骨气风神，为古今绝笔"。

图70 敦煌藏经洞出，高僧像，纸本墨线，英国大英博物馆藏

"晁补之，字无咎……作粉本以授画史孟仲宁，令传模之。菩萨仿侯昱，云气仿吴道玄，天王松石仿关仝，堂殿草树仿周昉、郭忠恕，卧槎垂藤仿李成，崖壁瘦木仿许道宁，湍流山岭、骑从鞍服仿卫贤。马以韩干，虎以包鼎，猿、猴、鹿，以易元吉，鹤、白鹇、若鸟、鼠，以崔白，集彼众长，共成胜事。今人家往往摹临其本，传于世者多矣。""作粉本以授画史孟仲宁，令传模之"，从此句看，这似乎告诉我们，粉本有临本的功效。（图71）

中国绘画至元代，无论是卷轴，还是大型壁画，无论是技法，还是理论，都臻于成熟。敦煌壁画在4—14世纪的千年探索中，积累了很多的经验，也留下宏富的壁画作品和绘画经验。敦煌壁画的鸿篇巨制，如按当今的艺术思维，也是难以想象的一项工程。针对解决难度大、面积广、量多、技法不娴熟等问题，绘画粉本的便利性价值就凸显出来了。直至元代，粉本和画稿的概念平等提出。元代中期汤垕《画鉴》记载："古人画稿，谓之粉本，前辈多宝蓄之，盖其草草不经意处，有自然之妙；宣和、绍兴所藏粉本多有神妙者。"元代末年夏文彦在《图绘宝鉴》中延续了汤垕的观点："古人画稿，谓之粉本。前辈多宝蓄之，盖其草草不经意处，有自然之妙。"[37] 汤垕和夏文彦不仅道出了画稿的概念，也说明了画稿的价值。画稿或称图画底本、稿本，是一个相对模糊的概念，是之于成作而言的初稿。我们称完成的作品为画作，而往往称草稿为画稿。明代著述对粉本的概念基本沿用元代观点，元末明初陶宗仪《南村辍耕录》言："古人画稿，谓之粉本，前辈多宝蓄之，盖其草草不经意处，有天然之妙。宣和、绍兴所藏粉本，多有神妙。"明代屠隆《考槃余事》"粉本"条中谈道："古人画稿谓之粉本，草草不经意处，盖其天机偶发，生意勃然，落笔趣成，自由神妙，有则宜宝藏之。"而清代方薰在《山静居画论》中则对"粉本"做了以下说明："画稿谓粉本者，古人于墨稿上加粉笔，用时扑入缣素，依粉痕落墨，故名之也。"可见，墨和粉成了"粉本"两个重要的元素。

明代唐志契在《绘事微言》中则有提出"稿本"的概念。他说："宋画院众工，凡作一画，必先呈稿本，然后上其所画山水人物花木鸟兽，多无名者。明内画水陆及佛像亦然，金碧辉煌，亦奇物也。""稿本"最初为诗文的原始文字记

37　[元] 夏文彦：《图绘宝鉴》，见于安澜《画论丛刊》上卷，北京：人民美术出版社，1962年。

图71 南宋,赵璃,十六罗汉图,第二迦诺迦伐蹉尊者像,绢本设色,87.6厘米×47.9厘米,美国波士顿美术馆藏

录，多指古籍类。"稿"又作"稾"，亦作"藁"，古时候"稾""藁"通用，而"稿"则是"稾"的异体字。《史记·屈原列传》中说："怀王使屈原造为宪令，屈平属草稾未定，上官大夫见而欲夺之，屈平不与。"而唐志契所言"稿本"即是画稿，或言绘画临本、底本。

敦煌壁画画稿的形式多样，如线稿、孔稿等。质地有纸本、绢本、麻布本等。有一种称为粉本"刺孔"[38]的画稿，最初发现是源于藏经洞的开启。如今这些粉本画稿出现在斯坦因、伯希和等人的藏品中，在青海的藏传佛教寺院、西夏黑水城也发现有粉本刺孔。美国学者胡素馨《模式的形成——粉本在寺院壁画构图中的应用》和大陆学者沙武田先生《敦煌粉本刺孔研究——兼谈敦煌千佛画及其制作技法演变》对敦煌壁画的"刺孔"做了详细的阐述和解释。[39]

我们发现，墨线或许是粉本的第一特征，当然也有无墨线者。法国伯希和所获敦煌文献中，便有几幅粉本刺孔没有墨线。如P.4517（4），粉本刺孔，没有墨线，33厘米×21.6厘米，一佛像跌坐于莲花座上，有华盖。P.4517（5），粉本刺孔，没有墨线，32.8厘米×21.5厘米，一佛像跌坐于莲花上，有华盖。[40]我们针对敦煌画稿所说的"刺孔"便是粉本的一种，是在墨线稿上用打小孔的方式保留图形的轮廓，方便复制在墙面并在墙面上留下点状图形轮廓的一种绘画技巧，多用于难度较大的壁画。点的表现可以是墨点或朱点（红色点）。胡素馨先生认为"粉本是对9世纪一种画稿的通称。……并指明粉本的特定用途只限于大的窟顶"[41]。沙武田先生也表明了类似的观点："魏晋至唐，有不少名画家参与壁画的绘制，民间画师在长期创作实践中，师徒代代相传，总结制作方法和经验，形成口诀，利用粉本绘制大幅壁画。这告诉我们一个浅显的道理，粉本的使用体现在一些绘制难度较大的壁

38　早在1978年，敦煌学者饶宗颐先生也把敦煌此类画稿命名为"刺孔"，并以S. painting 73 说法图和P.4517中的佛像粉本刺孔为例说明，并以亲眼所见指出这些刺孔为硬纸制作而成。详见饶宗颐《敦煌白画》，法国巴黎，1978年，第14页。

39　[美]胡素馨：《模式的形成——粉本在寺院壁画构图中的应用》，《敦煌研究》2001年第4期，第50—55页。沙武田：《敦煌粉本刺孔研究——兼谈敦煌千佛画及其制作技法演变》，《敦煌学辑刊》2005年第2期，第57—71页。

40　沙武田：《敦煌粉本刺孔研究——兼谈敦煌千佛画及其制作技法演变》，《敦煌学辑刊》2005年第2期，第57页。

41　[美]胡素馨：《模式的形成——粉本在寺院壁画构图中的应用》，《敦煌研究》2001年第4期，第50页。

画方面,因此粉本的意义也就体现出来。"沙武田先生谈道:"粉本有狭义和广义之分,原始狭义为刺孔。主要有两种表现方法:一是用针按画稿墨线(轮廓线)密刺小孔,把白垩粉或高岭土粉之类扑打入纸,或者用透墨法印制,使白土粉或墨点透在纸、绢和壁上,然后依粉点或墨点作画。二是在画稿反面涂以白垩粉、高岭土之类,用簪钗、竹针等沿正面造型轮廓线轻划描印于纸、绢或壁上,然后依粉落墨或勾线着色,此法犹如现今常用的敷写纸功效。"[42]

另外,胡素馨先生谈到的敦煌素描稿则又是一个新名词。素描(Sketch)的概念源于西方,泛指一切单色绘画,包含草图、速写、略图、初稿等形式。胡素馨先生说:"敦煌现存素描稿多是用于绘制壁画或丝绸的手画稿,显示出画匠们还用其他方式来绘制窟顶图案。这些画稿的数量表明,他们是绘制这些作品时参考这些画稿,而不使用粉本,粉本有其特定的用途。"[43] 这里的素描稿,显然是手绘稿,由墨线手绘而成。(图72)

在中国绘画中,还有一个重要的概念便是白画,也即白描。白画概念唐代已经出现。唐代段成式《西阳杂俎续集·寺塔记上》记载:"南中三门里东壁上,吴道玄白画地狱变;笔力劲怒,变状阴怪,睹之不觉毛戴,吴画中得意处。"清代方薰在《山静居画论》卷上记载:"世以水墨画为白描,古谓之白画。袁倩有白画天女,东晋高僧像;展子虔有白画王世充像;宗少文有白画孔门弟子像。"在敦煌绘画领域,有"敦煌白画"之谓。欧阳琳先生在《敦煌白画》一文中说:"白画,是指不施色彩的线描画。壁画的初步工序为起稿画或底稿、素色起样、不着色的画稿。是壁画起步的原始资料,有时也略施淡彩。总之,以线描为主的画稿,通称白画,也称白描。"[44] 但在诸多学者的研究视域中,白画和白描有时是并列的概念。如饶宗颐先生在《敦煌白画》中把敦煌画稿全部归入"敦煌白画",诸如素画、起样、白画、白描、粉本、模拓、刺孔等。[45] 施萍婷先生在《敦煌遗书总目索引新编》对敦煌纸本画的分类中,谈到主要有彩绘、无彩绘、淡彩绘、白画、白描、刺

---

42 沙武田:《敦煌粉本刺孔研究——兼谈敦煌千佛画及其制作技法演变》,《敦煌学辑刊》2005年第2期,第57页。

43 [美]胡素馨:《模式的形成——粉本在寺院壁画构图中的应用》,《敦煌研究》2001年第4期,第54页。

44 欧阳琳:《敦煌白画》,《敦煌研究》2009年第4期,第33页。

45 饶宗颐:《敦煌白画》,《法国远东学院考古学刊》,巴黎,1978年。

图72 敦煌绢画,英国大英博物馆藏

孔、草稿、底稿、画稿、墨绘、印本等。[46] 这是一个很有意思的问题。显然,敦煌学家都关注到"白画"这一词语,虽然每位学者的解释不完全相同,但有一个共同点即是线性、单色(或淡彩)等。而以顾恺之、吴道子、李公麟等为代表的白描绘画正暗合了上述特点,这一特征也延续至20世纪的张大千等人身上。(图73)

---

46 施萍婷、邰惠莉:《敦煌遗书总目索引新编》,北京:中华书局,2000年。

关于摹本或模本，摹（模）是中国书画中一个很重要的概念。"模"与"摹"是通用的，如模仿、摹仿、临摹、摹写、模写等。南朝齐画论家谢赫在《古画品录》中提出绘画品评之"六法"："气韵生动、骨法用笔、应物象形、随类赋彩、经营位置、传移模写。""传移模写"之"模"，理解为临摹，区别于创作。"模本"则是可供学习的范本、临本。宋代范成大在《观禊帖有感》诗中写道："宝章薶九泉，摹本范百世。"清人王端履《重论文斋笔录》卷一中也说："近来市贾所售墨迹，多从法帖中双钩，而鉴家所刻法帖，又多从摹本上石。"[47]

2004年敦煌研究院编辑、上海古籍出版社出版的《敦煌壁画线描百图》，以"线描"的视觉对20世纪以来留下的敦煌壁画粉本做了梳理，樊锦诗先生在序言中说："早在二十世纪四十年代，以常书鸿先生为首的一批画家、学者们创办了敦煌艺术研究所，开始了有计划的对敦煌壁画进行临摹和研究的工作。在临摹中，线描是最初一道工序，称作'起稿'。"起稿线的好坏会影响到后来继续着色绘制的水

图73　敦煌绢画，英国大英博物馆藏

47　[清]王端履：《重论文斋笔录》，上海：上海古籍出版社，1995年。

准,成功的线描稿则提供了继续临摹的依据。显然,这是敦煌壁画完成后的临摹"画稿",应与之前我们所议的敦煌壁画创作前的"画稿"意义是不一样的。

综上所述,在名称繁多的"稿本学"中,似乎有一个共同的特点——它是中国绘画创作过程的一个部分,是学习、创作的一个阶段,它以不同的面貌,或简或繁、或工或写、或素或淡彩、或墨线或打孔、或施粉或朱笔等出现,成为绘画过程中的一个重要环节。即便是草稿,也体现了创作者的思想、方式、表现手段和创作过程。它的意义和作用与完成的作品一样重要。

(二)张大千留下的敦煌粉本

张大千(1899—1983)在60余年的绘画创作生涯中,留下了大量的粉本画稿。其中重要的一笔便是1941—1943年在敦煌莫高窟两年多时间里留下的。张大千先生画稿粉本具体数量无法估计,时间跨度也较大,其中张大千托付给门人孙云生先生的粉本便有1000余幅之多,[48] 庆幸的是张大千粉本画稿现陆续在整理出版中。如1947年出版的《大风堂临摹敦煌壁画第一集》(线装宣纸精印。封面题签出自学者、名书家谢无量之手。扉页有识"癸未嘉平刊于成都"。画集序言由时任四川图书馆馆长、著名学者清寂翁林山腴撰写)、朱介英先生编《瑰丽的静域一梦:张大千敦煌册》(北京师范大学出版社,2009年)、朱介英编《美丽的粉本遗产》(北京师范大学出版社,2008年)、朱介英《清雅的名士风度》(北京师范大学出版社,2009年)、《张大千的世界》(四川美术出版社,2007年)、《张大千捐赠台北"故宫"敦煌壁画遗作大全》(中国台北"故宫博物院",1983年、1987年)、《张大千临摹敦煌壁画》(四川美术出版社,1985年)、《张大千四十年代精品选》(上海书画出版社,2001年)、《张大千精品集》(四川博物院、四川张大千研究中心等编辑,人民美术出版社,2011年。该著共收录476幅张大千精品画作,13幅书法作品,66枚张大千书画用印)等。这些资料为我们了解张大千先生的绘画艺术提供了相当大的帮助。(图74)

---

48 清心堂孙凯先生在《瑰丽的静域一梦》后记中说:"先父(孙云生)弥留之际,犹再三叮咛,希望我能继续他生前未完之事,将太老师张大千先生所托付的千余幅粉本,加以整理诠释,并尽一切可能公诸于世。"

1. 张大千敦煌之行

1937年"卢沟桥事变"爆发，北方战争局势紧凑。第二年，张大千因受到驻北平日军司令部"骚扰"，化装逃出北平，辗转天津、上海、中国香港、两广、贵州等地，艰难返回四川老家，隐居青城山。对文化人而言，国难当头，这是无奈也是最好的选择。而这之前的十年，张大千基本在名山大川中游历，符合中国绘画"外师造化"的历练传统，足迹遍布黄山、衡山、龙门石窟、华山、雁荡山等地。1938年回到家乡四川时，已近不惑之年。对晚清民国时期的文化人而言，这是个心智相当成熟的年龄，再加上张大千先生阅历广泛，家学渊深，有选择和判断生活的能力。他生于书香门第，兄弟十人，18岁便与二哥张善孖同在日本留学。20岁时拜曾熙、李瑞清学画，并首次在上海举办个人画展，影响轰动，从此，大风堂中有"二张"。

张大千去敦煌，我想有这么几个机缘：

（1）敦煌地处中国西北边关，离内地较远，战火一时难以波及。这是避开战乱的较好地域，但或许这不是最主要的缘由。

（2）张大千回到家乡后，各界名流的交往频繁，对敦煌有了一些了解。张大千次子张心智在回忆中谈道："父亲一向好客，家里各行各业的朋友不断前来，其中一位叫严敬斋（庄）[49]的，曾担任过监察院驻甘（肃）宁（夏）、青（海）监察史，他多次向父亲介绍甘肃敦煌莫高窟（又名千佛洞）石窟艺术。父亲对此极感兴趣，在查阅了一些有关敦煌石窟的艺术资料后，下决心要到敦煌看一看。"[50] 张大千与叶恭绰先生（1881—1968）交往颇深，受其影响很大。叶恭绰先生也是一代名士，闲居京沪，比张大千大19岁，与张大千交情很深。大千晚年撰文："先生长予十九龄，予以丈人行尊之。民国十七年（1928）教育部筹划全国第一次美术展，予与先生同任审查事，予之得交先生自此始。惟先生于予画所激赏，因谓予曰：人物画一脉自吴道玄、李公麟后成绝响，仇实父失之软媚，陈老莲失之诡谲，有清三百年，更无一人焉。力劝予弃山水花竹，专精人物，振此颓风；厥后西去流沙，寝

---

[49] 严敬斋（1886—1961），陕西渭南人，曾任国民政府监察院常务委员，后任地质部地质图书馆馆长。

[50] 朱介英编：《瑰丽的静域一梦：张大千敦煌册》，北京：北京师范大学出版社，2009年，第11页。

图74 张大千，仕女图，四川省博物院藏

馈于莫高、榆林两石室者近三年，临抚魏、隋、唐、宋壁画几三百帧，皆先生启之也。"[51] 叶恭绰还对张大千说："所以我刚才劝你应把黄河走完，看看中原的伟大，那些地方一定会有许多建筑、雕塑等，会对你有益。不管你是坐车、骑马还是走路，都一定要沿着黄河走一趟，有困难我们这些朋友会帮你。你不要以为在绘画上古人是英雄，我们就不是。只要你肯用功，你就是英雄。并不是只有天生的异人才能当英雄，你也可以做。并且我相信以你的才华将来必有不可限量甚至超越古人的那一天！"[52] 张大千先生还提到一个人便是马文彦。"最早我是听曾、李两位老师谈起敦煌的佛经、唐像等，不知有壁画。抗战后回到四川，曾听说原在监察院任职的马文彦他到过敦煌，他极力形容敦煌如何伟大，我一生好游览追古迹，自然动念。"[53]

（3）二哥张善孖的突然离世。1938年，张善孖在周恩来和国民政府主席林森的帮助下，携带本人和张大千的画作180余件出国展览，为抗日募捐。1939年由欧洲辗转到美国，在白宫为当时的罗斯福总统作《虎图》以支持美国对华正义事业。1940年初，美国空军陈纳德上校率美空军志愿队援华作战，张善孖为嘉其行，画《飞虎图》赠陈纳德。陈将志愿队改名为"飞虎队"，并按《飞虎图》做了许多旗帜和徽章分发给部下，以鼓舞战士。"飞虎队"在华作战十分勇敢，连创日机。陈纳德对张善孖《飞虎图》很珍惜，视同拱璧。这是张善孖1940年9月从美国回国后一月余辞世前所做的极其有意义的画事活动。1940年张大千与赵望云相识于四川成都，这时张大千正准备赴敦煌莫高窟，行至四川广元，得知兄善孖病逝于重庆，遂赴重庆奔丧。二兄对张大千的影响不仅是兄弟之情，在艺术上更有莫大的激励。张大千说："我之所以绘画艺术有成就，是要感谢二家兄的教导。"

（4）艺术学术之心的驱使。林思进在《大风堂·临摹敦煌壁画集序》中说："吾友张君大千，夙负振畸，究心绚素，名高海内，无暇拙言。共平生所抚宋元法画至夥，顾犹未足，更思探月窟，问玄珠，乃裹粮具扆，西迈嘉峪，税驾瓜沙。……间特告余，此不徒吾国六法艺事之所祖，固将以证史阙，稽古制。而当时

---

51 叶公超：《叶遐庵先生书画选集》，中国台北：汉华文化事业股份有限公司，1975年。
52 文欢：《行走的画帝：张大千漂泊的后半生》，石家庄：花山文艺出版社，2006年。
53 转引朱介英编：《瑰丽的静域一梦：张大千敦煌册》，北京：北京师范大学出版社，2009年，第10页。

四夷慕化，取效中州，其衣冠文物，流行于今之欧西新世者何限。吾所以勤力为此者，意则在斯。"[54] 张大千曾说："一个成功的画家，画的技能已达到化境，也就没有固定的画法能够约束他，限制他。所谓俯拾万物，从心所欲，画得熟练了，何必墨守成规呢？"张大千先生从敦煌回来，看到敦煌的伟大之处，正好印证了他当初追求艺术的学术之心。"在艺术精神上，大千先生认为，敦煌壁画宏大的规模，是中华民族伟大力量的表现，在艺术价值上超过山西云冈石刻和河南龙门造像，大千先生从十个方面分述了敦煌壁画对中国绘画的影响：一是佛像、人像画的抬头；二是线条的被重视；三是勾染方法的复古；四是使画坛的小巧作风变为伟大；五是把画坛的苟简之风变为精密；六是对画佛与菩萨像有了精确的认识；七是女人都变为健美；八是有关史实的画走向写实的路上去了；九是写佛画却要超现实来适合本国人的口味了；十是西洋画不足以骇倒我国画坛了。大千先生对敦煌艺术的认识，也同时转化到他自己的艺术实践中去，无论是线条、设色、布局等方面，敦煌之行以前和以后的作品都大不一样。他看到壁画，才知道古人心思的周密，精神的圆到，而对于艺术的真实，不惜工夫、不惜工本、不厌其详的精密态度，激发了他力挽画坛苟且的风气，上溯古代艺术宏大博雅的精神，以开拓新的文人画风。"[55]

（5）如果说严敬斋和马文彦[56]两位先生所描述的敦煌给了张大千先生感性的认识，那张大千见到李丁陇临摹敦煌壁画稿则直接激起了他敦煌之行的导火线。20世纪40年代，李丁陇的敦煌画展不仅引起张大千的关注，也让当时的美术界兴奋不已。1939年，画家李丁陇[57]带着从敦煌莫高窟临摹来的壁画筹办西安"敦煌石窟艺

---

54 转引魏学峰：《论张大千临摹敦煌壁画的时代意义》，《敦煌研究》2006年第1期，第17页。
55 转引魏学峰：《论张大千临摹敦煌壁画的时代意义》，《敦煌研究》2006年第1期，第18页。
56 马文彦（1902—1983），化名曹骏天，陕西三原人。马文彦1937年作为秘书随于右任一同撤至重庆，1939年返陕西；1941年参加中国民主同盟；1949年5月西安解放后，任西北军政大学修建委员会主任、科长等职；1950年任西北民盟总支委员兼副秘书长、陕西省人民政府监察委员会委员。
57 李丁陇（1905—1999），原名李玉声，生于河南新蔡县，先后在中原艺术学校、上海新华艺术专科学校、上海美术专科学校学习。擅诗、书画、篆刻。1941年他吸取敦煌壁画精华，创作了长40余尺，画面达400平方尺长卷《极乐世界图》，在当时美术界引起极大关注。他是目前可知最早在敦煌临摹壁画的人。1941年春留法归国的画家王子云，率领民国政府教育部艺术文物考察团赴西北，对敦煌莫高窟各时期的壁画做了初步的考察，对部分代表作品进行了记录性的临摹，并于1942年在重庆中央大学等地举办了"敦煌艺术展"。

术展览",因装裱需要来到成都。张大千在裱画店看完作品后拜访李丁陇先生说:"你吃了太多的苦,不过这苦吃得很值得,你是第一个临摹敦煌壁画的人……你为敦煌艺术做了件大好事。"1937年10月,时任西安中华艺术专科学校校长、西北文物委员会委员的李丁陇,抱着救国理想、怀揣艺术责任,组织西北探险队准备去保护敦煌,在大多数成员退出的时候,依然前往敦煌,用8个多月时间临摹了一百多幅壁画。1939年后,兰州、西安、重庆等地举办了"李丁陇敦煌壁画临摹展"。

张大千安顿好兄长的亡灵,带着对儿子的思念,处理好家事,典卖自藏名画和签好借条,不惧兵荒马乱、土匪出没的危险,于1941年春夏之交带着夫人杨宛君、儿子张心智、侄子张彼得、学生肖建初和刘力上及几个裱画工,乘飞机离开成都抵达金城兰州,沿着河西走廊前往敦煌莫高窟。这种魄力和精神或许已经超越了执着的意义,这是一种令人难以想象的冲动还是理性思考后的顿悟,我们不得而知。但的确,张大千带着无法想象的艰难出发了,5000两黄金的巨资挥霍,为的是艺术,更是心灵深处的澄澈。汤皇珍先生写到张大千敦煌之行的艰难:"张大千带着五百斤行李,由成都到兰州,从兰州深入便是对日抗战时马家军的防区。张大千请兰州东陆总指挥鲁大昌出面央求马步青旅长出面协助保护。马步青派兵守卫护送,以防哈萨克流寇侵袭。……张大千夜行日宿,躲沙漠上白日的酷热。"[58] 1941年5月张大千抵达敦煌,1943年6月从安西榆林窟离开。其间,张大千本人除临摹大量壁画外,还考察了整个石窟群,并对各窟进行编号,逐个记录壁画、彩塑、窟内题记等内容,安排学生和助手临摹窟内壁画彩塑等。张大千敦煌的经历,其意义正如他自己在《我与敦煌》演讲中所说:"我以近三年时间临摹敦煌壁画,它的影响对我个人来说是多方面的。如壁画本身的衍变,历代官制服饰,以及称谓的研究,碑帖、彩塑和建筑等等,都使我增加了不少见解,尤其是敦煌壁画集中古美术史之大成,代表北魏至元代一千年来我们中国美术的发展。"[59] 1943年,张大千临摹敦煌壁画展览在重庆中央图书馆展出,引起巨大轰动。敦煌研究院第二任院长段文杰回忆当时情形说:"张先生当年那次画展在重庆开得非常热闹,票虽然贵(五十元法币一张),但人更多。我第一天去看画展都没买到票,第二天专门起个早跑去买票才得以看成。有

58　汤皇珍:《云山泼墨张大千》,中国台北:雄狮图书股份有限公司。1992年,第48页。
59　转引朱介英编:《瑰丽的静域一梦:张大千敦煌册》,北京:北京师范大学出版社,2009年,第14页。

人说我是看了那次画展后才被吸引到敦煌来的,事情确实是这样。"(图75、图76)

2. 张大千与敦煌粉本

作为故乡的四川省,收藏张大千的作品数量不少,但散见在其他地方的张大千作品也不少。或者说国内各大博物馆、美术馆可能多多少少会有张大千的作品。据不完全统计,国内收藏张大千作品的单位有:

(1)四川博物院共收藏有180余件张大千临摹敦煌壁画、200余张粉本白描

图75　敦煌莫高窟第57窟,西龛外南侧,夜半逾城,初唐

图76
张大千
初唐供养菩萨像
1941—1943
绢本
131.6厘米×67.4厘米
四川省博物院藏

稿、70余张水墨画、100余枚大千印章,是国内收藏张大千作品较多的机构之一。(参见2012年辽宁省博物馆"大千与敦煌——四川博物院藏张大千绘画精品展")

(2)吉林省博物院收藏有张大千绘画作品100余幅,多为张大千早中年创作,部分作品为20世纪50年代征集。(参见《吉林省博物院藏张大千画集》,李虹霖主编,文物出版社,2005年)

(3)辽宁省博物馆。(参见程恩嵘主编《张大千精品集》上、下卷,人民美术出版社,2011年)

(4)四川成都杜甫草堂博物馆。(参见2008年杜甫草堂博物馆作品展"回眸张大千")

(5)四川内江市张大千纪念馆。(参见程恩嵘主编《张大千精品集》上、下卷,人民美术出版社,2011年)

(6)北京故宫博物院藏有张大千绘画作品30余件。

(7)中国台北历史博物馆藏有张大千作品150余幅。(参见2001年中国历史博物馆[今属中国国家博物馆]"张大千绘画艺术回顾展"、2009年辽宁省博物馆"南张北溥——台北历史博物馆藏张大千、溥心畬书画作品展")

(8)天津博物馆。(参见2006年天津博物馆"张大千作品展")

(9)北京首都博物馆。(参见2011年首都博物馆"大千世界——张大千艺术人生和艺术魅力")

(10)中国台北"故宫博物院"。(参见《张大千捐赠台北"故宫"敦煌壁画遗作大全》,中国台北"故宫博物院"出版,1983年、1987年)

(11)中国台北张大千纪念馆(所属中国台北"故宫博物院")。

(12)中国历史博物馆。(参见2001年中国历史博物馆"张大千绘画艺术回顾展")

(13)深圳博物馆。(参见2013年深圳博物馆"万里江山频入梦——两岸张大千辞世30周年纪念展")

(14)中国台湾长流美术馆。(参见2014年中国美术馆"江山万里——张大千艺术展")

此外,还有如美国纽约现代艺术博物馆等。当然张大千的伪作也遍布诸多博物馆。

若要从张大千所有的粉本中梳理出"敦煌粉本",其实并不是一件很难的事情。张大千及其团队在敦煌两年多的时间留下的壁画粉本数量也不是很庞大,条件的艰苦和制作的不方便是很重要的制约因素。从目前各种文献公布的数据看，似乎在400件左右。四川省博物馆（今四川博物院）的研究员魏学峰先生说："大千先生一共在敦煌生活了两年零七个月，临摹壁画大小共276件，目前藏四川省博物馆的有183件，藏台北"故宫博物院"的有62件，还包括莫高窟和榆林窟的作品。另有大千先生临摹这批壁画的百余幅线描稿也保存在四川省博物馆。"[60] 很明显，我们碰到的问题是张大千敦煌粉本的时间问题，主要是两个时期——敦煌时期和敦煌后时期。张大千"敦煌时期"的粉本集中收藏在四川博物院，那散落在外的诸多"敦煌粉本"可能属于"敦煌后时期"的。朱介英先生说："从敦煌回来的数年当中，大千先生的人像画依然有着浓厚的唐代特色，而敦煌壁画中佛教故事是重要主题，因此大千创作的作品，占较大比例的也是佛教人物。《圆腹图》的主题便是佛教伎乐天及其所用乐器——圆腹（柳琴，琵琶属乐器）。当时大千所作的粉本与尔后所画的正式画作在人像的面貌上有所不同。"显然，朱先生的这个看法符合"生存环境"变化后艺术家对艺术创作的态度。

张大千敦煌莫高窟壁画粉本有以下几个特点：

（1）与敦煌壁画造像等大，直接根据壁画原大勾勒摹写。

（2）每一幅粉本造像的各部位颜色用汉字（繁体、异体字）标注，非常完整细致，如服饰、璎珞、配饰、五官等。与张大千其他粉本有较大不同，张大千目前所见粉本颜色标注文字很简单，多为主要部位标有颜色，如服饰部位等。这些汉字标注颜色的方法是为日后创作上色做注脚。（图77、图78）

（3）编号为张大千石窟编号，"C"字打头，如C二七九，并在编号后标出造像位置，如C二七九前右观，"观"是佛造像名称的缩写，如观世音菩萨。

（4）为墨线轻松勾勒，为原初稿，即第一手粉本稿，未有后期加工。故最接近原作。

（5）所用纸张多为拼接，节约意识好，为手工竹浆纸，偏黄，较薄，利于复制拷贝。

（6）制作粉本时，是将纸直接用图钉或其他钉子钉在壁画上，纸上用油打湿，等纸略干后用墨线勾描。（现纸上方都留有钉眼和油迹。）

（7）这批粉本都佚名，拆封时，每一幅都用民国年间的《中央日报》包裹，

60　魏学峰：《论张大千临摹敦煌壁画的时代意义》，《敦煌研究》2006年第1期，第18页。

图77 敦煌莫高窟壁画彩稿，大势至菩萨，20世纪50年代绘，张大千编号第279窟，现第188窟，136.2厘米×49.9厘米，罗寄梅夫妇主持临摹

图78 敦煌莫高窟壁画大势至菩萨粉本，张大千编号第279窟，完整稿，庐江草堂藏本

应该有60余年没有拆封,且原样保存并留有沙子,纸张碎裂易断。(图79、图80)

张大千在谈到中国画打稿时曾说:"画人物要打稿,画仕女当然也一样,且更要加意地打稿。工笔仕女,尤其不可潦草,一线之差则全面俱坏。"[61] 从张大千留下的敦煌壁画彩稿看,都能找到粉本的影子,这些粉本也常常被我们误读为"白描稿",但从用线看,属比较紧劲一路,或许从唐卡的画法中能找到某种关联,是否出于喇嘛画师值得研究。而本著的敦煌粉本用线则轻松、随意、大胆。很显然,罗振玉在《石室秘录》中所谈到的这类粉本似乎在张大千敦煌时期未有所见。即"叶德辉曰:'近敦煌县千佛洞石室有画像范纸,以厚纸为之。上有佛像,不作钩廓,而用细针密刺孔穴代之。作画时,以此纸加于画上,而涂以粉,则粉透过针孔,下层便有细点。更就粉点部位,纵笔作线,则成佛像。'"

关于张大千敦煌壁画粉本的制作技巧,也陆续在一些著作中披露出来。汤皇珍先生谈道:"张大千以50银元一个月的价格聘雇五名喇嘛,为张大千拼缝画布,抹胶打磨,磨制颜料等。张大千领头苦做,临摹的原则要求一丝不差地描。题记色彩、尺寸,完全求真。在光线不够的洞窟里,一手持烛一手勾画。……面对色彩斑驳的壁画,张大千必须研究观察数十次才能着笔。每次临摹先以玻璃纸根据原作勾出初稿,然后粘此初稿在画布背后,利用白日日照投射以木炭笔转写到正面,方才以墨线勾画,稿定后敷色。"[62] 张心智在《大千敦煌行》中写道:"父亲临摹壁画严肃认真,临摹每一幅壁画都要找同一时代同样内容的壁画互相对照参考。他说,相互参考可以使我们临摹得更准确一些。我和李复等人的分工是每人着一种颜色,和现在的流水作业法相似。"

张大千在敦煌时期主要的工作包含以下几个方面:一是对整个莫高窟区进行考察;二是对石窟进行编号,"C"开头(斯坦因编号为"S",伯希和编号为"P")。三是对壁画的题记、壁画、彩塑内容作记录。四是派其他人临摹精彩的彩塑作品。五是他自己进行壁画的临摹。从目前公布的诸多张大千临摹敦煌壁画的文献资料看,有以下方法。一、完全按原壁画的大小临摹。二、将临摹者分成三组,自己等人一组,藏族画师昂吉等一组,这两组负责临摹。凡壁画的重要部位如脸部、面部、手脚、最后定稿等由张大千负责。还有一组人负责准备画材和颜料

---

61 陈滞冬:《张大千谈艺录》,郑州:河南美术出版社,2007年。
62 汤皇珍:《云山泼墨张大千》,台北:雄狮图书股份有限公司,1992年,第49—50页。

图79 敦煌莫高窟壁画粉本捧莲花大士，20世纪40年代绘，186厘米×65厘米，完整稿，庐江草堂藏本

图80 敦煌莫高窟壁画彩稿捧莲花大士，20世纪50年代绘，张大千编号第105窟，现第46窟，134厘米×49厘米，罗寄梅夫妇主持临摹

等。三、刘力上曾谈到临摹壁画的艰难和方法："惟仰勾极苦,隆冬之际,勾不行时,气喘汗出,头晕目眩……"临摹的工序也是相当复杂,"先以透明纸依原作勾出线条初稿,同时记录出画面中各个部分的颜色。然后将纸贴在绷好的画布背面,迎着阳光,在画布上用柳炭条勾出初稿轮廓,再用墨描;然后依稿上标记,上一两遍底色。再将画架抬进洞内,看一眼,画一笔"。[63]

曾在敦煌临摹壁画的关山月说:"莫高窟的古代佛教艺术,原来是从国外输入的,但经过中国历代艺术家借鉴改造之后,就成了我们自己民族的东西。我这次临摹由于时日所限,只能是小幅选临。选临的原则有三:其一,内容上着重在佛教故事中精选富有生活气息而最美的部分,其中也有不少是历代的不同服饰的善男信女的供养人。其二,在形式上注重它的多样化,如西魏、北魏、六朝以至初唐盛唐各代的壁画,风貌差异却很大,而且造型规律和表现手法也大不相同,只要符合我的主观要求的,就认真地选临。其三,我没在依样画葫芦般的复制,而临摹的目的是学习,为了研究,为了求索,为了达到'古为今用'的借鉴。因此,在选临之前,必须经过思索,经过分析研究,即尽可能经过一番咀嚼消化的过程。因而临摹时一般不打细稿——是在写敦煌壁画,而不是僵化的复制;务求保持原作精神而又坚持自己主观的意图。这些选临原则,和我的用心所在,也许就是常书鸿和黄蒙田先生据说我的临摹与众不同的所在。我通过这样的选临实践之后,确实体会很深,收获甚大。一九四七年我到暹罗及马来西亚各地写生时,就是借鉴敦煌壁画尝试写那里的人物风俗画的。"[64]

附1944年"国立敦煌艺术研究所"成立前后去敦煌莫高窟临摹考察的部分画家情况:

1. 1938年至1939年6月,李丁陇在敦煌考察、临摹壁画。李丁陇先生80岁回故乡河南新蔡时,谈起他初见到这些敦煌壁画时说:"真是妙不可言,无论任何人置身于这样的殿堂,都会不由自主地发出惊叹!"铸九先生和俞剑华先生1947年11月看了李丁陇画展后发出了同样的感慨。铸九说:"及见李君带来许多画,不禁使我惊

---

63 转引朱介英编:《瑰丽的静域一梦:张大千敦煌册》,北京:北京师范大学出版社,2009年,第13页。

64 许礼平:《关山月临摹敦煌壁画》,中国香港:翰墨轩出版有限公司,1991年。

奇。他在十年中能一本艺术志趣，奋发努力，跋涉道途，艰辛备尝，从而得到出人意外的收获与成就，并非偶然悻致。"（《申报》，1947年11月18日）俞剑华先生说："……又曾居敦煌九阅月，撷取敦煌壁画之精华，成极乐世界图，有四百平方尺之距。"（《申报》，1947年11月2日）

2. 1941年至1943年6月，张大千团队在敦煌莫高窟考察、临摹敦煌壁画。1941年成员有张大千、张心智、孙宗慰[65]、窦占彪[66]、李复[67]等。1942—1943年成员有张大千、张心智、张比德[68]、谢稚柳[69]、刘力上、萧建初[70]，藏族画师昂吉、格朗、三知、小乌才朗及杜杰林切。其中张心智跟随张大千全程参与完成壁画临摹工作。

3. 1941年10月，以王子云为团长的"西北艺术文物考察团"抵达敦煌，开展调查研究、临摹壁画等工作。这时，张大千已在敦煌。王子云在《中外美术考古游记》里说："我在千佛洞与张大千常有往来，他还特意请我吃他做的四川菜，并且还为我画了一幅步月图的人物画。"李廷华谈到，王子云带领的考察团完成在敦煌的工作后，先在兰州举办了成果展览，又于1943年元月在重庆举办第一次敦煌艺术展览。三天展期，给沉闷的山城带去一股强劲的"西北风"。展览一开始只有一间展室，被参观者挤得无法继续进行，教育部又决定在中央图书馆单独展览一星期，有三万人参观。1943年夏，王子云回到西安，又在民众教育馆举办敦煌艺术展，参观者达万人。关于展览盛况，当时的《大公报》报道说："……观众自早至晚，拥

65　孙宗慰（1912—1979），江苏常熟人，1934年考入中央大学艺术系。1938年毕业于中央大学并留学任教，曾参加"中央大学艺术系战地写生团"赴前线宣传抗日，在出发前徐悲鸿曾以自己小像赠别。1941年，由当时中央大学艺术系主任吕斯百推荐，成为张大千赴敦煌考察研究之助手，时年29岁。

66　窦占彪（1917—1990），不识字，泥瓦匠，守护敦煌48年，莫高窟492个洞窟都有他修补的痕迹。每一个栈道和台阶都有他拎着泥水桶的身影。

67　李复（1924—1986），油工，中华人民共和国成立后在敦煌文物研究所工作。

68　张比德又名张玉（约1922—1953），张大千四兄张文修之子，过继给张善孖，曾有很长时间都跟随张大千，大千在敦煌期间，张比德一直是他最得力的助手，也是张氏第二代人中画艺较高者。

69　谢稚柳（1910—1997），江苏常州人，张大千挚友，1942年应张大千之邀赴敦煌研究石窟艺术，写有《敦煌艺术叙录》《敦煌石窟集》等书。书画家、鉴定家。

70　萧建初（1910—2002），四川德阳人。1929年毕业于上海中华艺术大学国画系。1936年师从张大千，得其真传，为张大千长婿。1941年至1943年赴敦煌莫高窟临习历代壁画。自1949年起先后执教于成都艺术专科学校、西南美专、四川美术学院中国画系。中国美术家协会会员。

挤异常，尤以六朝绘画陈列室内观者对我国古代艺术作风气魄之伟大无不惊奇。一部分观众对于该团所作之河西风景及风俗绘画，亦多发生浓厚兴趣，此足见国人对于西北之重视。"《"中央"日报》报道："教育部艺术文物考察团举办之敦煌艺术展览会，定今日起在'中央图书馆'开幕，该团团长王子云昨日招待新闻界预展，并做简短报告，谓艺文团组成于二十九年（1940），三十年出发西北考察，团员共八人，工作为雕塑图画及照相，在西北二年，在敦煌工作两个月。西北古代艺术文物甚多，佛教艺术有敦煌石窟、万佛峡、龙门、巩县、渑池之石窟塑像壁画，均极珍贵。陕西、河南之历代帝王陵，有名者如汉茂陵、唐乾陵之浮雕有极伟大者。此次展览为敦煌石窟之相片及摹绘约二百幅。其中有北魏之故事画，唐之经变、佛像，及各代之图案画。虽未尽得其全部真相，已有其梗概矣。继由团员雷震氏领导参观，详加解释。"[71]

4. 1941年，"国立中央研究院"组织西北史地考察团，向达代表北京大学于1942年春到达敦煌，考察了敦煌莫高窟、万佛峡等；返重庆后，发表《论敦煌千佛洞的管理、研究及其连带的几个问题》。1943年7月至1944年，向达作为西北科学考察团历史考古组组长，再赴河西。他两次到敦煌，除对敦煌地区诸石窟留下了重要记述，还写成多篇有关敦煌与西域方面的论文初稿。向达（1900—1966），字觉明，笔名方回，有时署佛陀耶舍，历史学家、敦煌学家、中外交通史专家。其1919年考入南京高等师范学校；1924年后任商务印书馆编译员、北平图书馆编纂委员会委员兼北京大学讲师；1935年秋到牛津大学鲍德利（Bodley）图书馆工作，在英国博物馆检索敦煌写卷和汉文典籍；1937年赴德国考察劫自中国西北的壁画写卷；1938年回国后任浙江大学、西南联合大学教授；抗战胜利后，任北京大学历史系教授兼掌北大图书馆；中华人民共和国成立后任北京大学历史系教授、图书馆馆长。（图81）

5. 1942年至1943年，谢稚柳先生受张大千之邀去敦煌考察、临摹壁画等。吴红林在谢稚柳先生百年诞辰时撰文说：谢稚柳也是敦煌学的开创者之一。20世纪40年代初，张大千、谢稚柳敦煌之行，使中国的"敦煌学"大倡。说起张大千和谢稚柳的这段经历，谢春彦不无感慨："那才是真正的文化苦旅啊！"1941年，张大千赴敦煌临摹壁画，次年致书谢稚柳，邀他去敦煌研究壁画艺术。1942年春，谢稚柳出

---

71 参见李廷华：《敦煌轶事——王子云、张大千、常书鸿》，《书屋》2004年第7期。

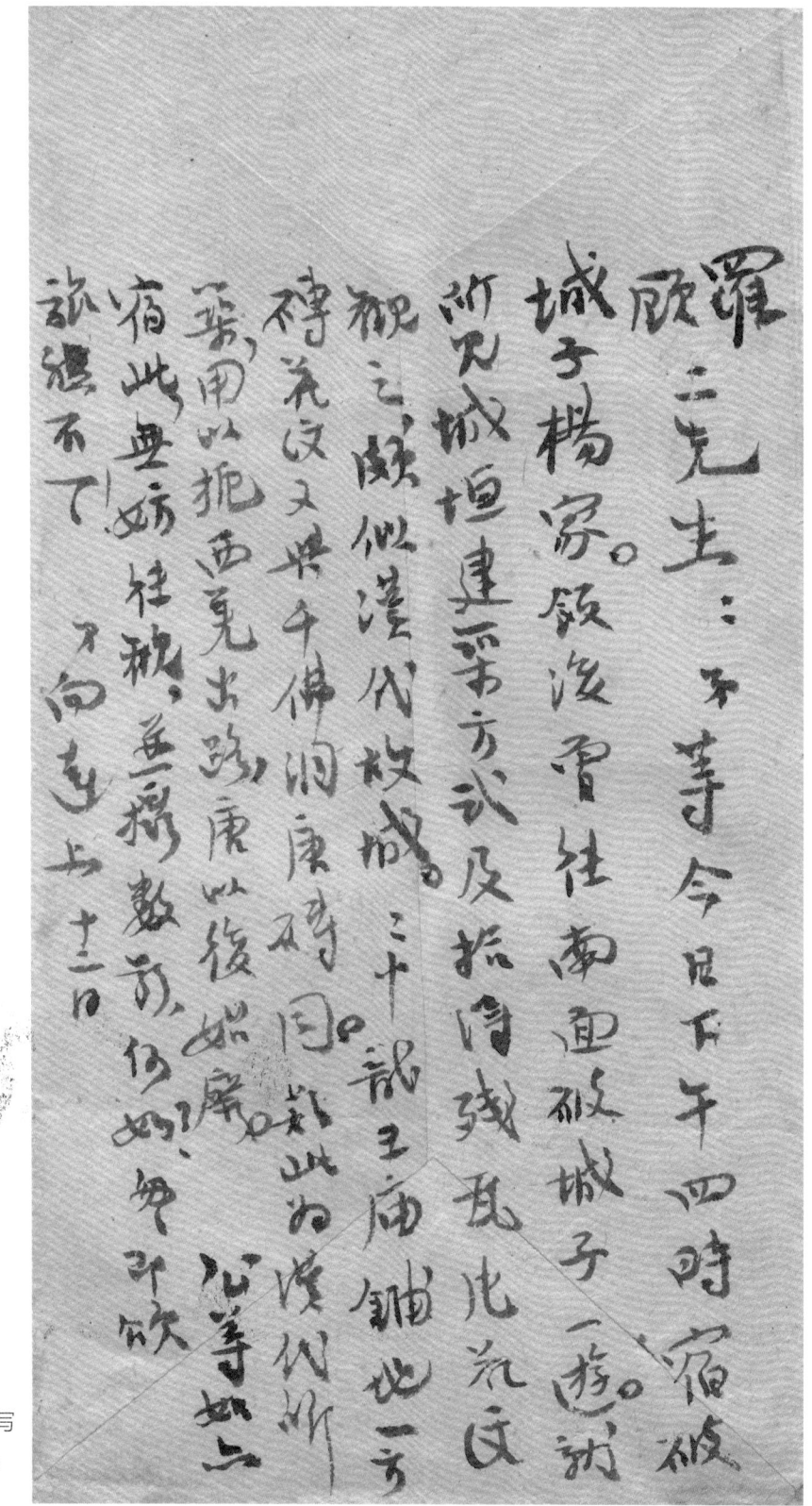

图81 向达先生写给罗、顾先生的信，庐江草堂藏

罗、顾二先生：午奉今日下午四时宿破城子杨家。饭后赴贺往南追破城子一游。所见城垣建筑方式及拾门残瓦砒北地区观之颇似汉代故城。二十部王庙铺地一方砖花纹又共千佛洞唐砖同。就此观之唐以後姑屡一无用以捉西兔出路康以後姑屡。宿此无妨，旺将敬致何如。免子钦说德不了！

向达上十三日

川北上,经天水,过兰州,西渡流沙,抵达敦煌。此时,莫高窟内藏经早空,唯有千壁丹青。在敦煌,张大千在莫高窟内临摹敦煌壁画,而谢稚柳详细考察了壁画,做了大量笔记,研究起了敦煌绘画艺术的风格流派及演变过程。敦煌莫高窟坐西朝东,窟内光线暗淡,只有在清晨和上午,借助太阳的光线才能看清洞内的壁画。谢稚柳每天清晨即进窟工作,午后方出。在历时一年的时间里,他对莫高窟的四百余窟的内容都做了详细记录。回到重庆后,他根据在敦煌所作的研究与笔记编著了《敦煌石室记》和《敦煌艺术叙录》,这两书成了研究敦煌艺术与印度佛教关系方面的权威性著作。[72]

6. 1943年夏,关山月夫妇与赵望云、张振铎等到敦煌莫高窟考察、临摹壁画等。关山月先生在《同行如手足,艺苑赞知音——观赵望云画展感怀》中回忆说:"我跟赵望云的友谊,可以追溯到四十多年前。那是1941年,我在重庆开画展时,他来参观,或许是由于我的画反映的内容跟他所作有共鸣之处,我们是一见钟情,一见如故。"接着还写道:"当时我们都很穷。赵望云说西北有他的熟人,提议我们到西北去旅行写生。这样,在1942年春,我、我爱人、张振铎和赵望云四人一起,先到西安,又从西安到兰州,在西安和兰州一起开画展,筹划盘缠。之后,我们一起骑着骆驼,以西瓜当水,锅盔作粮,在河西走廊的戈壁滩上走了一个多月,出了嘉峪关,登上了祁连雪山,而当我们来到敦煌这一艺术宝库的时候,正值张大千刚刚撤走,而常书鸿则刚到任,临摹条件异常困苦。我们一起趴在昏暗的洞子里临画,我们一起喝带咸味的党河水,一起在千佛洞前的杨树林里捡野蘑菇,中秋之夜我们一起在旷远的大漠上赏月。白天画累了,在静寂的夜里,我们就坐在石板上,听着吱吱的风沙声夹着远处的驼铃,交谈着艺术感受和绘事见解……在敦煌的前后二十多天,和河西走廊一来一往两个多月,使我有机会看到了古代的宗教艺术,大西北严峻的面貌和当地的风土人情为我日后的创作实践打下了比较深厚的基础。"[73]

7. 1944年画家邵芳只身去了莫高窟,在常书鸿先生领导的敦煌研究所工作过。1948年她与丈夫赴美国定居,这位临摹敦煌壁画的第一女性画家,国内却鲜有人知晓。常莎娜女史回忆说:"邵芳在千佛洞一七二窟临摹了一幅大画《西方净土

---

72 参见吴红林:《谢稚柳曾给张大千徐悲鸿当"红娘"》,《广州日报》2009年6月6日。
73 参见关山月:《关山月论画》,郑州:河南美术出版社,1991年。

变》,当时我就在她的身边,向她学习描稿、勾线、着色的技法。"甘肃敦煌研究院的赵声良博士一一考证了邵芳的画稿,指出画稿中所标识的窟号是采用张大千的编号。在《奔向千佛洞》的后序中,赵声良先生说:"由于文献记录的缺失,对于敦煌艺术研究所早期的开创者的历程,我们知道的十分有限。这部书完整地记录了邵芳作为一个画家奋斗的一生,虽然她在敦煌艺术研究所从事临摹工作只有一年多的时间,但是在她的艺术生涯中,敦煌艺术却一直闪烁着迷人的光彩。"[74]

8. 1944年,画家韩乐然(1898—1947)偕妻女赴西北写生,并秘密从事西北地区高层的统战工作。他的足迹遍布新疆、甘肃和青海等地,描绘当地风物,关注民生。他对敦煌石窟、克孜尔石窟艺术进行了深入考察。在克孜尔石窟艺术的研究上,做出开创性的工作,首创以油画、水彩等西洋画技法临摹壁画。韩乐然初名光宇,吉林省延吉县人,朝鲜族政治活动家、人民艺术家,被称为"中国毕加索"。1920年去上海,考入刘海粟主办的上海美术专科学校。1923年底在上海加入中国共产党。1924年被派回东北工作,先到奉天创办了私立美术学校,以教授美术作掩护开展革命工作。1928年底,离开哈尔滨去齐齐哈尔。之后去苏联学习,然后去法国、英国、瑞士、荷兰和意大利写生、绘画。1937年回国后参加抗日救亡工作。1945年日本投降后,投身于敦煌艺术的挖掘、保护工作。1946—1947年在新疆考察佛洞壁画。不幸于1947年7月30日因飞机失事牺牲。中华人民共和国成立后被追认为革命烈士。(图82)

此外,吴作人、叶浅予、刘开渠、吴冠中、潘絜兹、黎雄才、王朝闻、史岩、王伯敏、全山石等先生在敦煌也留下了他们的足迹和画痕。

---

[74] 参见李昌玉:《奔向千佛洞》,兰州:敦煌文艺出版社,2013年。

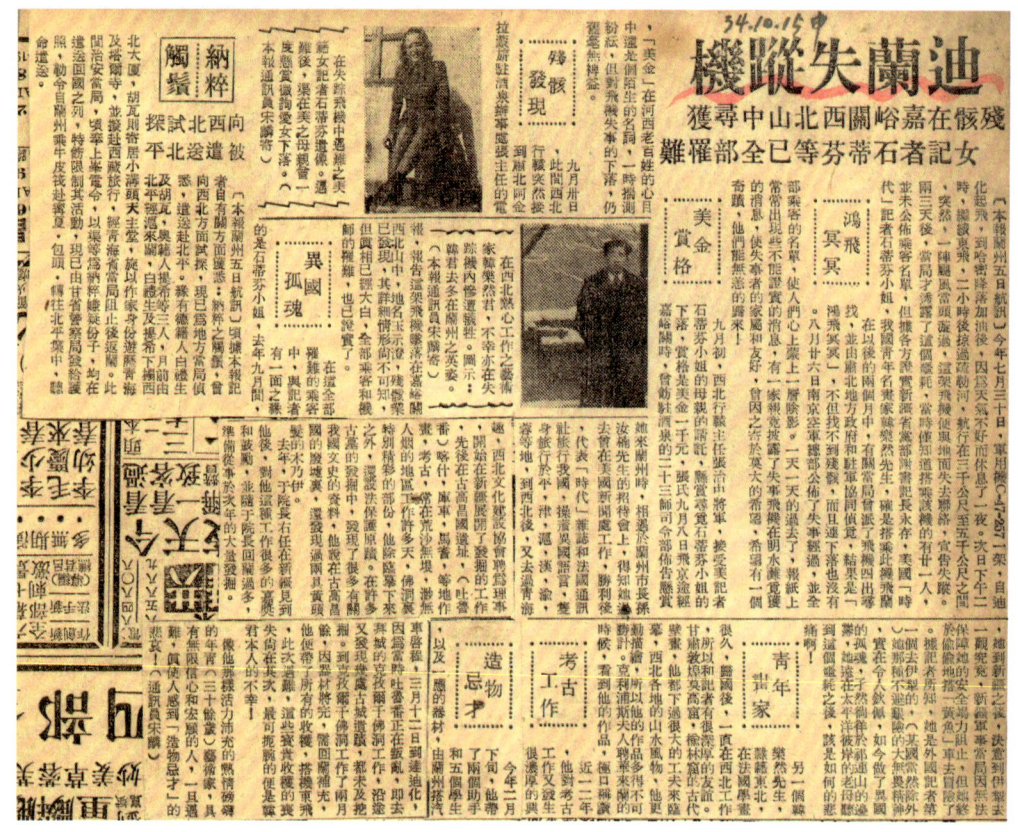

图82　1947年10月15日《申报》刊登《迪兰失踪机》，画家韩乐然罹难，庐江草堂藏

十二

敦煌壁画的颜料氧化问题

壁画的破坏损毁原因比较复杂，主要是两种：一种是人为原因，如战争、爆破、铲除、剥走、涂鸦、随意刻画、居住等；一种是自然原因，如气候变化、洪水、地震、氧化、病虫害等。

敦煌壁画保存千年，但是各种病害问题始终威胁着它的安全。总的来说，壁画病害分为人为因素和自然因素两种。人为因素包括生活、战争等人类活动；自然因素包括物理、化学、生物三大类，如温度、湿度、有害微生物等。这些因素会导致一些典型的病害形成，例如空鼓、疱疹、烟熏、霉变等。本篇要讨论的主要是变色病害里的颜料氧化问题。

壁画颜料变色是敦煌壁画里常见的病害类型，几乎所有颜色或多或少会有一定程度的变化。在所有常用颜色中，铅丹、土红、辰砂的混合红色颜料使用面积大且变化最为明显。其中以铅丹变化最为严重，且在敦煌壁画中很难找到没有变色的铅丹，故而以此为例说明。（图83）

颜料变色由多种因素造成，但只有一部分能导致氧化现象。而铅丹对比其他颜料最易氧化。以下几种情况导致了颜料的氧化反应。

1. 微生物的影响

敦煌壁画中的有机营养源及外界适宜的环境条件促进了微生物的生长，微生物对壁画的破坏是物理作用和化学作用综合作用的结果。[75]物理方面暂且不谈，化学方面异化作用的产物可能含有酸、酶等严重破坏壁画的物质。[76]例如敦煌壁画病害调查中，铅丹变黑的壁画中常存在草酸铜，原因是微生物代谢过程中逸放出草酸。[77]变黑壁画中一定会出现草酸铜是微生物活动的证明。（图84）

一方面，微生物导致的氧化是二氧化碳、霉菌等在生长的代谢过程中所产生的

---

75 于龙龙：《敦煌莫高窟壁画病害产生及发展历程研究》，硕士学位论文，北京化工大学，2013年。

76 K. L. Garg, Kamal K. Jain, AK. Mishra, "Role of fungi in the deterioration of wall paintings", *The Science of the Total Environment*, 1995（167）: pp. 255-271.

77 冯清平，张晓军：《敦煌壁画色变中微生物因素的研究——Ⅱ.微生物对模拟石窟壁画颜料的影响》，《微生物学报》1998年第2期，第131—136页。

图83 敦煌莫高窟第445窟,北壁,女剃度,盛唐

图84 敦煌莫高窟第172窟，北壁，未生怨之囚母，盛唐

过氧化氢（H_2O_2）这种强氧化剂等污染物对铅丹的变色影响。[78] 与此同时，高湿度的环境可以使混在壁画颜料中的有机胶结材料——这种利于微生物繁殖的介质发挥作用。这也算间接导致氧化的一个原因。

另一方面，黄杆菌属新品种，敦煌黄杆菌——一种能将橘红色铅丹（Pb_3O_4）氧化成棕黑色二氧化铅（PbO_2）的细菌，分离自敦煌第205号窟变色壁画表面，符合黄杆菌属，不定种的特征。该菌株菌体为短杆状，大小为 $1.0\sim1.6\times1.2\sim2.0\,\mu m$，周生鞭毛，无芽孢，有荚膜及贮藏颗粒，细胞单个存在，呈革兰氏阴性。G+C mol%为69.05，具黄杆菌属（Flavobacterium）不定种（Species Incertae Sedis）的特征。

---

78 李最雄，樊再轩，盛芬玲：《铅丹朱砂和土红变色研究的新进展》，《敦煌研究》1992年第1期，第89—117页，第123—124页。

敦煌黄杆菌在PH9.8、37℃、黑暗条件下氧化程度最高。纯氧及纯氮气条件下菌体氧化铅丹受抑制，菌株氧化铅丹受质粒控制。菌体具主动吸收铅的能力，电镜观察铅主要位于原生质体内。[79]

2. 温度的影响

一般来说，温度越高，物理、化学性质变化速度就越快，较高的温度会加速胶结材料和颜料的老化，如氧化作用、分解作用，缩短壁画的寿命。[80]（图85）

3. 可溶性盐的影响

Eva Kotulanová等人研究不同的无机盐对几种含铅颜料的破坏作用，选用天然盐和合成盐配成溶液，取0.2g含铅颜料（铅红、铅黄、铅白）悬浮在5mL 0.2mol/L的盐溶液六个月。铅红（Pb_3O_4）在所有溶有CO_2的盐溶液中趋于变黑，这是因为它会发生歧化反应，生成PbO_2和$PbCO_3$。[81]

歧化反应属于一种氧化还原反应，具体指在反应中，氧化作用和还原作用发生在同一分子内部处于同一氧化态的元素上，使该元素的原子（或离子）一部分被氧化，另一部分被还原。

4. 光化学反应对铅颜料的影响

由于壁画向光和背光处颜料变色差别明显，引起了我们对光照影响的注意。太阳光是一种电磁波，波长愈短，具有的能量愈大。当紫外光照射到某物质时，带有能量的微粒或量子与物质中的电子相撞，将能量转移给电子，引起光化学反应。许多化学键键能及分子的基态与最低激发态之间的能级差都在紫外光具有的能量范围内，因此紫外光能引起许多物质的光化学反应。只有被物质吸收的光才能有效地

---

79 冯清平，杨玲，张晓君，马晓军：《使敦煌壁画红色铅丹变色菌株生理特性的研究》，《微生物学报》1998年第6期，第454—460页。

80 于龙龙：《敦煌莫高窟壁画病害产生及发展历程研究》，硕士学位论文，北京化工大学，2013年。

81 Eva Kotulanová, David Hradil, Janka Hradilová, et al, "Degradation of lead-based pigments by salt solutions", *Journal of Cultural Heritage*, 2009, 10（3）: pp. 367-378.

图85 敦煌莫高窟第220窟,北壁,药师经变局部,初唐

引起光化学反应。专家将铅白（苏州姜思序堂出产）和铅丹（青岛城阳化工厂出产）做漫反射紫外光谱图，铅丹对210—400nm的紫外光线吸收较强，铅白对210—270nm的紫外线吸收强烈，对270—400nm的紫外线有部分吸收，铅白和铅丹吸收紫外光能量hv变成了激发态分子M^x，受激分子具有较高的能量，使铅离子（Pb^{2+}）容易失去最外层的2个6S电子而被氧化成二氧化铅（PbO_2）。[82]

5. H_2S气体的影响

将启普发生器产生的H_2S气体对准涂了铅丹（Pb_3O_4）和铅白（$2PbCO_3 \cdot Pb(OH)_2$）的板子，铅白立即由白色变成深咖啡色再变为蓝黑色，铅丹在通气5—10分钟内变成赭石色，一小时后表面蒙一层蓝黑色。变色后的铅白、铅丹颜料，在X射线衍射图谱上出现了PbS衍射峰。

由此可见，空气中微量H_2S气体使颜料变色是不容忽略的，硫化铅可以被氧化为硫酸铅而恢复白色，在PbS蓝黑色的沉淀物上加几滴双氧水或放在紫外光下照射又变成了白色，用此法可以与棕黑色的PbO_2沉淀物相鉴别。[83]（图86）

6. 空气中臭氧（O_3）的影响

将铅颜料置于含有25ppmO_3浓度的模拟箱中，放置756小时后，铅丹颜色略变深，铅白颜色没有变化，做X射线衍射分析，谱图没有发生变化，照射不同时间分析PbO_2含量的变化与未照射前含量相差无几。O_3是空气中的强氧化剂，高浓度的O_3可以氧化Pb^{2+}成PbO_2。1986年春季莫高窟实测O_3浓度的高值在10—15ppb范围内，25ppm的O_3是实测浓度的2000倍左右。在这样高倍数的模拟实验中，铅白、铅丹被氧化的速率不高，因此可以认为空气中的臭氧（O_3）不是铅白、铅丹颜料变色的主要因素。

---

82 唐玉民，孙儒侗：《敦煌莫高窟壁画颜料变色原因探讨》，《敦煌研究》1988年第3期，第18—27页，第113—114页。

83 同上。

图86 敦煌莫高窟第465窟,窟顶东披,伎乐供养菩萨,元代

十三

非遗敦煌石粉彩绘技艺的由来

敦煌是古丝绸之路咽喉之地，是世界四大文明、六种宗教、数十个民族文化的融汇之地。敦煌石粉彩绘技艺作为古老的画种，由敦煌地区历代民间画匠在汉民族和西域各民族绘画技艺的基础上融合发展，采用矿物质颜料，形成具有敦煌地方特色的绘画艺术，因矿物质颜料俗称石粉、石色、土粉，故称为石粉彩绘技艺。（图87）

敦煌是古代丝绸之路通往西域、西亚、中亚及西方的重要门户，有着悠久的历史和深厚的文化。敦煌石粉彩绘技艺作为最古老的画种，早在汉晋时代起就已遍布于敦煌以及周边地区。随着佛教东传，道教西布，从公元4世纪开始，敦煌地区大规模的开窟造像与彩绘，使原有的石粉彩绘技艺在汉晋艺术传统基础上，吸收融汇了来自印度、西域等地的绘画形式与技法，得到了极大的拓展和提升。历代敦煌民间画师们基于长期大量的绘画实践和积累，形成了系统完备的敦煌民间石粉彩绘绘制体系，经过世代相传，这个古老技艺延续至今。

敦煌石粉彩绘技艺主要以地仗制作、画稿设计、布局定位、放大稿样、敷色绘制、沥粉堆金、线描等流程构成。其中地仗制作的技艺特殊复杂，体现了敦煌地方特色。而画面布色绘制中，其天然矿物颜料的制作与使用，也充分体现了敦煌石粉彩绘技艺的独特性和代表性。由于民间绘制技法的特殊性，其作品坚固耐久，历

图87　敦煌石粉，天然矿物色

经千年依然色泽鲜艳，富有民间绘画特有的美感和魅力。敦煌石粉彩绘技艺自古到今，主要用于寺院、洞窟、道观、宗祠、牌楼、亭廊的建筑和壁画绘制，还大量用于百姓的庄院、生活用具装饰等绘制。

敦煌，位于甘肃省河西走廊最西端，是祁连山流来的党河水泛滥冲积而成的绿洲。全市总面积3.12万平方公里，其中绿洲面积1400平方公里，仅占总面积的4.5%，且被沙漠戈壁包围，故有"戈壁绿洲"之称。它的地理位置十分重要，东接中原，西邻新疆，自汉代以来，一直是中原通往西域交通要道的"咽喉之地"，是著名丝绸之路上的重镇。敦煌气候干燥，降雨量少，蒸发量大，昼夜温差大，日照时间长，属典型的温带干旱性气候。敦煌附近的三危山山崖均属玉门系砾岩地质，石质疏松，适宜开凿石窟。敦煌是党河冲积扇平原，又是古代近代大移民区域，修建庙宇众多。石窟和庙宇必须绘制壁画和雕梁画栋，但壁画无法直接绘制在壁上。敦煌先民因地制宜，就地取材，采用河流常年冲积沉淀的澄板土，与当地生长的植物等作为壁画底仗的制作材料，又采用三危山中的矿物质颜料，为敦煌泥质绘画持续千年的绘制提供了充足的原材料。（图88）也正是敦煌干燥的气候，使敦煌民间石粉彩绘留存千年，大多依然色彩斑斓，也造就了敦煌民间石粉绘画独特的绘制技艺。

图88 敦煌莫高窟窟区前的河流

敦煌石粉彩绘技艺特征明显、自成体系，主要体现在匠人精湛的绘制技艺和绘画颜料上。敦煌石粉彩绘绘画材料主要取三危山天然矿物质颜料，使得作品色彩稳定、千年不变色。其中壁画技艺流程包括：

1. 制作墙画——将掺入细碎麦秆的泥巴抹到开凿好的石壁上，然后在上面粉刷一层红沙泥，形成光滑平整的墙壁面。

2. 勾画轮廓——用红粉或墨线弹出画面的大体位置，再分割成若干小平面，然后在各小平面内确定所绘内容，再起稿勾画出轮廓形象。

3. 涂刷底色——用有一定覆盖面的颜色刷底，使整个壁画有一个统一的基调，其形象轮廓隐约可见。

4. 敷彩上色——根据底稿内容，细致地将各种石粉颜色描绘到相应的位置上。

5. 勾定型线——上完色彩后，用墨线或赭色线精心勾勒出人物五官、手足、衣饰等细部，使形象更加清晰完整。

6. 沥粉堆金——用皮囊装入稀石膏，挤压条状，绘成图案线条，待干后，贴上金箔或描上金粉，使画流金溢彩。

7. 提神点睛——在人物的眼、鼻等处勾描"高光"，做到形象鲜明、生动传神的艺术效果。

所需制品：

1. 墙面材料：澄板土、黄沙、麦草、麻纸、蛋清、米汁和成泥巴抹平墙面，石灰粉刷后作画。（图89—图91）

2. 绘画颜料：多用矿物质颜料，有少量的植物颜料。最常用的色彩是红、蓝、绿、白、黑。这些都是天然生成的无机颜料。还有金色（金粉）和银色（云母）等。（图92—图94）

3. 绘画工具：盛颜料碗、碟、调色盘、染色毛笔、提线毛笔、打方格线墨斗等。

敦煌及周边石窟、墓室、寺庙、宫观等留存于世的石粉彩绘壁画艺术弥足珍贵，内容丰富、保存完整，为研究中国古代西北的政治、经济、文化、宗教、交通、民族关系和中外友好往来等提供了非常具体的形象资料。

敦煌石粉彩绘技艺从古至今一直延续传承。随着敦煌石粉彩绘技法的成熟及敦煌文化热，民间画师和传承人又迎来了"春天"。伴随着中华优秀传统文化的盛行，古建筑的修复与建造，尤其在敦煌这样的汉唐古都，更为传统的敦煌石粉彩绘

图89 敦煌壁画地仗材料

图90 敦煌壁画地仗制作材料

图91 敦煌壁画工具材料等准备中,用于制作地仗

技艺的发展开拓了更广阔的天地。下一步,将通过与高校美术学院的合作、敦煌画派的打造、世界范围内的广泛艺术交流、建立传习基地等利于传承的方式,进一步培养青年传承人,使这一古老的技艺源远流长。

图92　敦煌壁画所用矿物颜料

图93　敦煌壁画颜料

图94　石粉彩绘壁画教学现场

十四

敦煌壁画的绘制技艺

敦煌莫高窟是世界现存规模最大、修建时间最长、内容最丰富的佛教石窟群，也是敦煌石窟群中开凿最早的石窟群。莫高窟始建时代有三种记载，但通常都以《李君修莫高窟佛龛碑》所记载，前秦建元二年（366）沙门乐僔始凿第一窟为主。

敦煌壁画是敦煌石窟艺术三大组成部分之一。研究表明，莫高窟窟群现存492个窟中有壁画、塑像。壁画主要题材有尊像画、佛传故事画、本生故事画、因缘故事画、汉族神话题材画、佛教史迹画、佛教经变画、供养人画、装饰图案画，共九大类。敦煌莫高窟历经千年不断开凿和维修，壁画艺术也随着时代的发展而变化。其中人物形象描绘变化尤为明显，段文杰先生对此已进行深入研究并总结。45000多平方米的壁画，735个洞窟，2400多身彩塑像，汇集10个朝代，跨越了1600多年的历史风云，敦煌莫高窟是我国最重要的世界文化遗产之一。敦煌壁画不仅在国内有着较高的影响力，在世界画坛同样占据一席之地。

自20世纪30年代起，张大千、常书鸿、吴作人、关山月、董希文、常沙娜等一批中国现代艺术史上举足轻重的艺术家都纷纷来到敦煌取经学习、研究探索，如今临摹敦煌壁画也是一些高等院校研究中国和古典艺术的规定课题。敦煌壁画可以说

图95　敦煌阿克塞颜料山

在壁画中极具代表性，其绘画工艺和艺术造诣在现代美术教育中有着重要的借鉴意义。无论是提高学生的艺术鉴赏能力还是了解壁画历史背景，或者是解读绘画技巧和绘画语言，它都具有很强的典型性。（图95）

敦煌石窟艺术由建筑艺术、塑像艺术、壁画艺术三大部分组成，其中壁画艺术又是融合绘画、书法、音乐、舞蹈为一体的文化艺术综合体。随着千年时代更迭，受地理环境、政治经济和中西不同文化影响，壁画绘制技艺逐渐形成敦煌特色体系。根据敦煌壁画绘制的顺序，敦煌莫高窟壁画绘制技艺可以分为两大部分：一是壁画基底制作，二是壁画技法。

（一）莫高窟壁画基底制作方法分析

首先，根据段修业先生的研究，敦煌壁画依据作用分为支撑体、地仗层、颜料层。

1. 支撑体，又称"崖体"，是开凿石窟的砾岩层，是壁画的基础。

2. 地仗层，又称"灰泥层""画壁"，是绘制壁画的泥壁。从材料学角度来看地仗原料是加筋土，是加筋材料和澄板土的结合。现存壁画地仗分层唐代之前是两层为主，唐代以后出现三层甚至四层。根据历史资料可以得知，敦煌壁画在各个时期壁画地仗的层数多少及用料的配比都是不尽相同的。大部分壁画地仗所用的材料为：澄板土、麦草、麻丝、棉花、蒲绒、沙子等。这些材料均取于敦煌本地。以三层地仗为例：第一层是（麦）泥层，依据就地取材原则，使用窟前土壤或加入植物麦草等作为壁画最底层，与崖体充分接合；第二层是麻泥层，使用澄板土或窟前土壤混合麻纤维植物；第三层是棉泥层，晚期壁画使用较多，棉纤维比麻受力更强，棉泥层干后比前两层收缩率低，有助于后续作画。

3. 颜料层，又称"画面层"。颜料层分为白粉层和绘图层。白粉层，西魏时期出现，是衔接地仗和颜料的中间层，作用是根据画面内容需要设底色，平滑地仗面的同时有助于后期作画。原料为白垩、高岭土、滑石、石膏等，用胶调和后，在地仗层上刷薄薄一层。（图96）

（二）莫高窟壁画中的颜料分析

在中国画中常有的颜色主要是花青、藤黄、胭脂、朱砂、赭石、石青、石绿

图96　敦煌壁画古法绘制步骤图，王亚林示范

等，其中前3种是植物颜料，后4种是矿物颜色。植物颜色在空气中不稳定，经过时间的推移容易变色；而矿物颜料比较稳定，历经千年都不会变色。如绿色的孔雀石、褐红色的赤铁矿等都可作为天然颜料。我们参观莫高窟壁画的时候，经常看到一些历经千年的壁画都已变色，但其中一些颜料依然炫目多彩，这就是颜料的差别。在敦煌壁画所用的颜料中，红色主要为土红、朱砂、铅丹、赤铁矿等；蓝色主要为青金石、蓝铜矿等；绿色主要为孔雀石、绿松石、氯铜矿等；白色主要为蛤粉、蛋白石、方解石、白水晶、石膏、高岭石和云母等。其中如青金石、孔雀石这些颜料多从阿富汗、伊朗等地进口，现在我们看到的黑色，大部分可能是含铅颜料变色的结果。当然，古代壁画中也同样会使用黑色颜料，多用木炭黑或者墨来上色。

（三）莫高窟壁画绘制技法分析

根据《敦煌艺术大辞典》中李其琼等人的研究，我们可以知晓："敦煌壁画技法与传统技法实无区别，只因敦煌地处丝路要津，是古代中西文化交汇之地，随着佛教艺术传入带来的西域风格，使得敦煌早期艺术明显呈现较多接近西域画风的壁画技法……构成敦煌壁画技法的主要方面有四：（1）布局……（2）线描……（3）敷彩……（4）传神……"传统壁画画工有句谚语叫"一朽，二落，三成"，解释为布局、线描、敷彩的准确呼应，精炼总结了壁画绘画过程。

（1）布局——起稿

敦煌石窟艺术是建筑、塑像、壁画的组合体，石窟作为三者的载体，石窟形制的变化影响着三者布局的变化。壁画的布局还随着画面内容重点的变化而变化，形成各类构图方式。壁画构图有主体式、横卷式、立轴式、三联式。绘制壁画时，画工根据画面需求确定总体布局与构图，手持柳炭条直接起稿，或使用"粉本"。"粉本"，又称"谱子"，是专供复制的优秀画稿。粉本的制作，是将画稿放在白麻纸上，顺着优秀画稿的线条用针扎连续的小孔。粉本的使用，是将粉本铺在地仗上，用白粉顺着针孔漏在墙上，形成粉线。

（2）线描——落墨

起稿后，画工使用毛笔进行线描，对画稿进行二次修改。线描是中国画的基础，用于塑造形象。敦煌壁画中的线描随时代风格变化，根据其作用可分为：用于塑造形象的起稿线、定型线；用于展现时代艺术风格变化的铁线描、兰叶描、钉头鼠尾描等；用于增添画面丰富性的装饰线。

（3）敷彩——着色

在落墨定稿后，开始上色。画师按照画面内容主题来决定壁画的整体色调，进行铺色。敷彩有三个重点：颜料、媒介、技法。颜料上选择无机颜料和有机颜料，颜色种类受原料产地限制。媒介上选用胶，动物胶和植物胶都有使用。调胶工艺在李阿丹《莫高窟壁画制作调胶工艺的模拟实验研究》一文中有详细检验分析。技法上具有时代特征：敦煌壁画诞生之初，"涂色"和"填色"就是最基础的设色技法。涂色是带有用笔趋势的上色，大块面上色同时兼顾造型，早期壁画使用广泛。填色是在白描线内仔细上色不压线，是中唐后的常见技法。北凉北魏时期，人物设色使用西域传入的"凹凸法"，"凹凸法"又有"叠染"和"晕染"两种。隋唐时期，经济繁荣推进文化艺术繁荣，使得设色技法不断创新，出现了带有中原特色的"叠晕"，例如盛唐流行的"青绿叠晕"。为着色完美除了配色和设色笔法外还有"敷金"技法，为壁画增添光彩。敷金在北魏时期壁画中已有使用，有贴金、描金、沥粉堆金三种方法。因为敦煌莫高窟壁画画幅较大，需多位画工一同完成，为了设色工作的便利，画师们会使用"代号"。"代号"是颜色的简称，如刘凌沧研究总结的"工红、六绿、七青、八黄、九紫、十黑、一米色、二浅青、三香色、四粉红、五藕荷"。以红色为例，正红为"工"，浅红为"二工"，再浅一点的红为"三工"，而深红则是"大工"。李其琼还研究总结了"夕绿"等。颜料名称的简化为壁画绘制工作带来许多便利,但随着时间的流逝,很多代称已无法考究。

(4)传神

顾恺之曾说"传神写照,正在阿堵中"。敦煌莫高窟壁画的传神主要体现在人物造型的描绘上。人物造型的变化是中西艺术融合的结果。如十六国时期的圆脸、圆眼、直鼻子;西魏时期开始受中原艺术影响,人物"秀骨清像";北周时期出现"面短而艳";唐代时期出现"长眉入鬓""翠眉朱唇"等。

(四)现代壁画绘制技艺研究分析

对敦煌壁画绘制技艺的研究是从临摹开始的,根据赵俊荣老师的研究记录可知,敦煌壁画的临摹工作历程大致为四个时期:1. 创始期(1938),画家以个人审美意愿临摹;2. 敦煌艺术研究所时期(1943—1949):比例缩小,探寻正确临摹方法;3. 敦煌文物研究所时期(1950—1983):成熟期,研究性临摹;4.敦煌研究院时期(1984年后):科学临摹。最终形成临摹体系:

1. 对象:敦煌研究院
2. 目的和任务:研究、保护、发展
3. 基本临摹方法:现状客观临摹、旧色整理临摹、恢复原貌临摹
4. 临摹技法:从技术理念支撑艺术的临摹,临摹重点问题——线描、赋色、传神
5. 材质:20世纪50年代初始阶段,取材当地的土质材料,手动制取颜料
6. 价值:"传移模写"——研究、保护、发展

经过数年的探索与研究,临摹敦煌壁画有了一套专属于敦煌本土的绘画临摹体系,被称为"敦煌石粉彩绘技艺",这一技艺也被列为甘肃非物质文化遗产。敦煌石粉彩绘技艺作为古老的画种,由敦煌地区历代民间画匠在汉民族和西域各民族绘画技艺的基础上融合发展,采用矿物质颜料,形成具有敦煌地方特色的绘画艺术,因矿物质颜料俗称石粉、石色、土粉,故称为石粉彩绘技艺。敦煌石粉彩绘技艺的制作材料一般是就地取材,用本地泥、沙、麦草、麻纸等抹平所画墙面。绘画材料主要取三危山天然矿物质颜料和少量的植物颜料、墨胶、金属箔等。敦煌石粉彩绘

技艺特征明显、自成体系，主要体现在匠人精湛的绘制技艺和绘画颜料上。基于历代敦煌民间画师们长期大量的绘画实践和积累，系统完备的敦煌民间石粉彩绘绘制体系得以形成，经过世代相传，这项古老的技艺延续至今。敦煌石粉彩绘技艺主要以地仗制作、画稿设计、布局定位、放大样稿、敷色绘制、沥粉堆金等流程构成。其中地仗制作的技艺特殊复杂，体现了敦煌特色。而画面布色绘制中，其天然矿物颜料的制作与使用，也充分体现了敦煌石粉彩绘技艺的独特性和代表性。

在形成科学临摹体系之后，艺术家们对敦煌莫高窟壁画绘制技艺的传承体现在壁画创作上。

王亚林介绍说："绘制这幅九色鹿壁画最先要考虑的就是如何在泥板地仗上临出如同在墙壁上一般的厚重效果。要做到这一步，底子的好坏是临好一幅壁画的先决条件。如江南土与敦煌土的比较研究、地仗层的硬度透气变化、开裂与壁面的霉变考虑、胶使用的浓度比例大小、画面局部剥落与整体黏合的程度、干湿度的变化对画面的影响、矿物颜料的发色与契合程度、颜色的氧化问题等都是我和我的团队经过数年的经验积累与实践探讨，必须提前考虑到的。"

此次《九色鹿本生·北魏》大型地仗壁画在江南的活化实践依古法绘制而成，壁画的地仗技艺、制作工序都是经过王亚林近三十年的绘画经验不断实践与研究总结出来的。所需材料主要取自敦煌本地三危山的天然原矿土、澄板土、莫高红土、麦草等。这些原材料均由王亚林团队从敦煌带来。在遵循非遗敦煌石粉彩绘技艺这一古法绘制方法的基础上，结合江南水汽湿度大，潮湿霉变、起虫害等诸多因素，考虑加入了一些新材料、新方法以及新工艺。（图97）

在新型材料方面，经过探寻与摸索，此次采用了全新的多层板作为地仗壁画的基础支撑。考虑到它在使用方面具有变形小、幅面大、操作方便、不易卷翘的优点，外加结构强度高、稳定性好、含胶量较大、防虫防蛀等优点，在做地仗时注意提前做好了封边处理，面板上附一层纤维网格布，为后期的制作起到抓粘与牢固作用。

这次历时二年完成的省级非遗活化实践项目"敦煌石粉彩绘绘画实践教学研究课题"《九色鹿本生·北魏》大型地仗壁画为2.00米×26.669米，如此巨大的壁画基底层，在制作阶段对艺术家来说都是最严格的考验。任何审美的表象都离不开载体的物质属性，壁画的沧桑力度，来自敦煌沙粒与澄板土基底的材质对比。载体的材质美感恰好造就了上层画面的视觉张力。

图97　敦煌莫高窟第257窟，西壁，鹿王本生，北魏

　　通过运用古法绘制技艺与新型材料相结合，以有色砂岩、有色土和有色矿物质颜料进行层面叠加，还原古代壁画的制作程序，在敦煌壁画的天然矿物质颜料的采集和泥层制作技艺过程中，为观者全面解析壁画的特色，选材的严格考虑，绘画与天然矿物颜料的研究及应用。敦煌壁画历经千年而色彩不褪，这种自然演变的情况在画面上得到了真实的反映。

　　这幅九色鹿壁画中，我们主要使用的颜料为敦煌"莫高"天然矿物色颜料工作室提供的天然矿物色，所有原料均为天然矿石，经过筛选、破碎、除铁、研磨、漂洗、晾晒、分级等程序提纯出原汁原味的天然矿物色，挖掘整理出绘画所需深浅及颗粒不同的各种颜料，解决了敦煌壁画临摹和岩彩画创作以及敦煌彩塑设色的材料难题，在画面上呈现出的材质效果，弥新而古朴。其色彩纯正厚重，具有耐候性、耐光性、不怕酸碱腐蚀等特性，即使没于土内多年也不会影响其色泽的本质呈现。

绘画明胶与动物胶是矿物色的黏结剂。通过长期的实践与经验积累，王亚林总结出了一套全新的绘制方法。她的工作室研制出自制调和胶，它具有耐腐蚀、耐潮湿、固色防虫等功效，可以巧妙地将矿物色不同颗粒进行黏结，使不同颜色的颜料叠加，产生矿物色特有的发色效果，使画面呈现出斑斓多变的色彩魅力。（图98）

在认真对待传统文化的前提下，将古老事物不断以新的面貌展现也许是比仅仅保存更有意义的事情，因为在这个过程中，传统会不断地被加以审视和转化，从而以最有价值、最能被当代人所理解的方式呈现出来。

壁画艺术是我国的艺术文化瑰宝，敦煌壁画更是享誉世界，它具有值得我们深入挖掘和领悟的无穷艺术文化魅力。壁画艺术对于我国美术教育具有极大的积极意义，不仅有助于提高学生的审美欣赏力，对学生进行积极的道德教化，还有助于培养学生的社会责任感。我国美术教育应该加大壁画艺术的教学，让更多的学生认识壁画、欣赏壁画、绘制壁画，进一步领略艺术文化的无穷魅力，培养深厚的人文主义情怀。希望每位热爱敦煌艺术的人，都能够深入敦煌灿烂的佛教艺术文化之中，感受敦煌文化艺术所赋予的"慈悲能承载，智慧能沟通，美能成就"。

图98　敦煌《鹿王本生故事》古法绘制实践，王亚林、何鸿等绘制，200厘米×2600厘米

十五

敦煌壁画的价值和影响

20世纪90年代以来,关于"全球化"与"文化"之间的讨论越来越激烈,"全球化"的到来将对依旧研究文化的人类学者带来强烈的冲击,"文化"间的差异与对抗在"全球化"的过程中变得越来越少,对于文化边界的讨论也变得越来越广泛。各个民族与国家更加注重发掘与宣扬自己的民族志与文化特色,以防止民族认同感在世界范围内趋同的普遍性中消亡,并且能够保存自有的民族独特性与价值。在世界范围内宣扬中华民族文化的独特性与价值在当代的人文学科研究中变得越发重要,而敦煌学则在这股潮流中俨然成为一门国际显学。

关于敦煌壁画价值的探讨和研究取得了诸多成果,如历史价值、文化艺术价值、社会价值、美学价值、宗教价值、科技价值、教育价值、史料价值、伦理价值、衍生产品价值、数字艺术价值等方面的研究。早在1980年,段文杰先生发表了《形象的历史——谈敦煌壁画的历史价值》一文,其中对敦煌壁画价值的思考有如下论述:"敦煌壁画有两方面的价值,一是艺术价值,一是历史价值。……它涉及的范围很广,它直接地、间接地、折光地反映了中世纪各阶级、各民族阶级关系、工农业经济、各种战争、宗教思想、民族关系、中西交往、封建官僚制度、衣冠服饰演变、音乐舞蹈的发展、劳动人民的各种生活、风俗事物、建筑历史、科学技术史以及美术史等各方面的资料……敦煌艺术,不仅是艺术,也是历史,而且是一座珍贵的历史资料宝库。"

宗白华先生在《略谈敦煌艺术的意义与价值》中说:"敦煌艺术在中国整个艺术史上的特点与价值,是在它的对象以人物为中心。在这方面与希腊相似。……敦煌的艺境是音乐意味的,全以音乐舞蹈为基本情调。……而我们现代艺术家能从这里获得深厚的启发,鼓舞创造的热情,是毫无疑义的,至于图案设计之繁富灿美也表示古人的创造的想象力之活跃,一个文化丰盛的时代,必能发明无数图案,装饰他们的物质背景,以美化他们的生活。"

王志远先生在《"一带一路"语境下敦煌壁画艺术的创新传承与文化传播研究》一文中,结合"一带一路"倡议提出了自己的思考:"敦煌文化的创新传承是'一带一路'为其开辟了广阔的空间,……有必要通过文化艺术研究成果、音乐创作、戏曲创作、以洞窟生态群为依托的壁画临摹创作等走进艺术殿堂,从人们的心灵深处渲染和融合,要让世界知道创新传承敦煌壁画艺术的价值和责任感。"

高兴先生在《敦煌壁画的伦理价值探析》中从敦煌遗书"雅""俗"内容解读敦煌壁画中的伦理价值。

陈凤兰、张继玲在《文化认同看敦煌文化价值的传播》一文中谈道："敦煌文化有着纵跨1700年的生成史和横跨亚欧区域的融合史，是中华传统文化开放、包容、传承、创新特性的典型代表。后工业时代，在增强文化认同、文化自信成为迫切需要的背景下，梳理研究敦煌文化传播特点及其现实价值，对探析中华优秀传统文化在新时代的传承与发展有重要价值。敦煌文化……在空间维度上横跨欧亚大陆的多民族交融汇聚历史，在价值生成上容纳文化、艺术、政治、经济、历史、科考、军事的研究价值，都使它成为人类历史上一颗耀眼而夺目的明珠。"

敦煌壁画的影响也十分深远。最广泛的是对艺术创作的影响，一代一代的艺术家从敦煌壁画中汲取营养，如张大千、董希文等。它对室内设计、舞蹈戏曲、服装设计、陶瓷艺术、影视动漫等或多或少都有影响，如北京人民大会堂的大型装饰艺术、动画片《九色鹿》等。

我们常说，敦煌已经不是一个地理概念、城市概念、文化概念，它俨然成了一个文化符号或是精神的象征。它既是具象的，也是抽象的。韩伟先生在《作为文本的敦煌艺术符号》一文中写道："作为文本的敦煌艺术符号是一个可以不断开掘的学术命题。敦煌艺术符号文本是历史的、生成的，也是不断再生的，这就决定了其艺术品格的丰富性和复杂性。敦煌艺术符号文本内容驳杂，类型多样，既给'符号化'阐释带来了惊喜，同时也因为博大与厚重，让诠释者'无能为力'。"敦煌艺术的深远影响已经波及诸多方面，如赵声良先生在《百年敦煌艺术研究的贡献和影响》一文中所言："过去关于中国建筑史、雕塑史、绘画史、书法史乃至音乐舞蹈史、服饰史等方面，由于缺乏实物或形象资料而无法搞清楚的问题，因为有了敦煌资料而得以解决，使很多艺术史上的空白得以填补。一、对绘画史、雕塑史、建筑史、书法史的影响。二、对音乐史、舞蹈史、服饰史的贡献。三、推动佛教考古学与图像学的发展。……敦煌艺术研究的巨大贡献就在于它不仅推动了敦煌学相关学科（如艺术史学等）的发展，而且对于全社会的文化艺术发展产生了重大影响，使人们知道敦煌艺术作为中国传统艺术的一个集中代表的存在，在艺术教育、艺术创作等方面持续地产生积极影响。特别是我国改革开放之后，文艺界不断地展现具有敦煌风格的绘画、音乐、舞蹈乃至时尚设计等。……联系当前新时代中国特色社会主义文化建设、'一带一路'建设，敦煌艺术研究更应承担起时代责任，推动全社会对中国传统文化艺术的深入传承创新与弘扬，促成更多艺术工作者为当今社会创作出具有中国精神、中国特色的新艺术。"（图99、图100）

如今的敦煌，虽然已经远不及当年所寓意的繁荣昌盛之像，但仍在以自己的方式影响着中国，让世界动容。敦煌依旧维持着蓬勃发展时候的本色，仍然是中国与世界联系的密码。在今天看来，敦煌文化所展现出的中华民族的文化精神、文化胸怀和文化自信，为我们铸就中华文化新辉煌提供了丰富的精神支撑，为铸牢中华民族共同体意识提供了深刻的历史借鉴。

图99 《敦煌画派》央视纪录片海报

图100 中国、日本合拍电影《敦煌》海报

十六

敦煌壁画的创新与活化

（一）敦煌壁画的创新与活化——在中国的动画中

曾几何时，莫高窟这座艺术宝库低调掩于黄沙，人们很难近距离感受敦煌壁画的美丽，走出河西走廊，老百姓更是不知所谓。壁画的载体是无法移动的山体，如何让美丽的画面从石壁上"走"下来，"走"到人们的面前呢？将这种美进行广泛传播会促进文化艺术飞跃创新。就如同一千多年前雕版印刷术的出现一样，让更多的人看到、了解，才是文化或艺术延续生命的唯一方法。

1951年中国电影发行总公司成立，1958年中国第一台国产电视机和第一座电视台诞生，往后几十年内，电影、电视这些传递声画的媒介渐渐走进寻常百姓家。不再是报纸、书籍上字里行间和寥寥几张照片带来的想象，不再是广播的电波里梦幻的音律，影视带来的缤纷世界令人惊叹沉醉。但那时的摄影摄像设备还不足以拍摄敦煌壁画的美丽，甚至在国内艺术领域，纪录片的拍摄还未被重视，敦煌壁画存留影像屈指可数，能接触敦煌壁画艺术的人群依旧有限。此时艺术形式的创新又是一个新的思路。

20世纪50年代，正是中国美术电影蓬勃发展的时期。中国上海美术电影制片厂第一任厂长特伟，提出"探民族风格之路，敲喜剧样式之门"的创作方向[84]，往后二十多年，他不断寻找、探索中国美术片新形式。1981年，根据敦煌壁画《鹿王本生》（图101）故事改编制作的《九色鹿》（图102）动画上映。时长足有25分钟的动画作品一经播出便吸引无数人的目光，2万多张动画让北魏时期的壁画以一种

 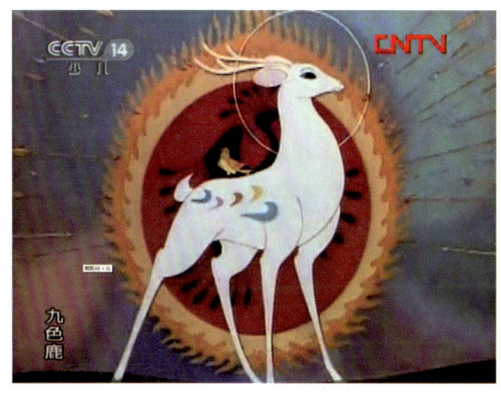

图101　敦煌莫高窟第257窟，鹿王本生，北魏　　图102　《九色鹿》动画片，中央电视台片花

84　特伟：《创造民族的美术电影》，《美术》1960年第3期。

新，中央电视台的形态动了起来，身形健美的鹿神踏云而来，步入孩童的梦中，成为许多70后、80后的美学启蒙作品，甚至直至2012年央视少儿频道仍数次播放《九色鹿》。

二十年前，许多国人还不知敦煌壁画是什么模样，如今在街上向路人随机采访，对敦煌壁画虽还不是妇孺皆知，但不少年轻人一定会脱口而出：敦煌飞天。敦煌的歌舞走入剧院，也走入动画作品。2022年8月上映的《新神榜：杨戬》其中一段"洛神赋"飞天舞惊艳观众。追光动画联合敦煌博物馆，精心创作出这2分钟精美的舞蹈。敦煌壁画中的仙乐自鸣、飞天舞蹈以三维的形式展现出来，更显生动精美。观众深深记住了美丽的天人和动人的旋律。（图103）

通过这两个案例，回到动画领域中敦煌壁画的创新这一话题，如果以空间为X轴，以内容创新为y轴，建立坐标（图104）：

图103 《新神榜：杨戬》海报

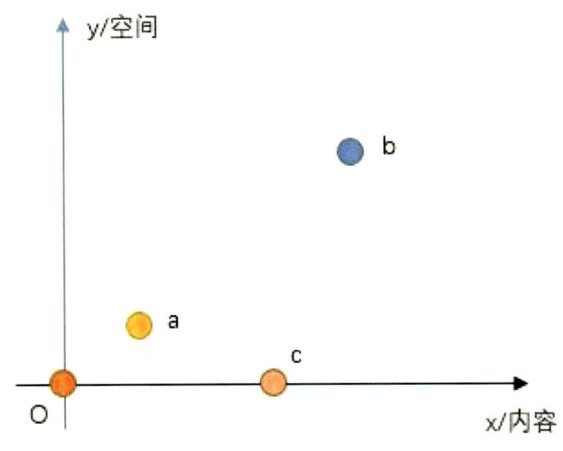

图104 吕蓉新绘《空间——内容坐标轴》

敦煌壁画为起点o点；那么纸质纯手绘的关键帧动画《九色鹿》应标为a点；以三维建模绑骨加入大量现代流行元素的《新神榜：杨戬》中的飞天舞片段应标位b点；而c点没有脱离传统壁画的形制，便是继承传统绘制技法的石粉彩绘，只是经过二创，内容稍加改变。

从这"空间—内容"坐标轴可以清晰地看到，创新后的动画与敦煌壁画这一主体的距离。所谓"物无美恶，过则为灾"，牢牢把握创新的平衡，是符合大众审美又不能脱离传统艺术的根本，形式需要新颖却也不能破坏了原始的风格和韵味。如此可见，动画继承传统的方法不是"垂拱而治"，而是必须加以现代化的改造，[85] 脱离了壁画的本体于y轴的位置是无法与o点重合的，只能通过科学技术寻找平衡点。

敦煌壁画在动画中"出镜"的例子还有很多。例如，1993年同为上海美术制片厂制作的《鹿女》，也是参照壁画中的佛经故事所改编，曾获得金鸡奖最佳美术片奖。又如2016年由敦煌研究院创作的《降魔成道》，参考了莫高窟第254窟的《降魔成道图》。

可以发现，这些早期二维敦煌题材壁画，多参考北魏晚期或西魏时期的壁画造型。因该时期的壁画中人物、动物形象多夸张变形，例如《鹿王本生》中的九色鹿

---

85 周晨：《文化生态的衍变与中国动画电影发展研究》，博士学位论文，苏州大学，2011年。

并不符合生物的生理规律,腿部线条纤细修长,却能表现出鹿神的健美和轻盈[86],视觉上更具有"神性"。这一类是以敦煌壁画造型为核心进行创新。

还有一类动画以敦煌壁画的工艺为核心进行创新。例如,由一万多块石膏板绘制组成的毛笔勾勒纯手绘动画《夏虫国》(图105),以其精美的画面和丰富的色彩令人震撼;以及动画短片《莫高霞光》(图106),是按照传统工艺由泥板绘制的,极大程度还原了壁画的效果。这两部作品都耗费了大量精力,意图将传统技法与动画结合,舍弃了电脑动画技术的便利,打造真实的壁画质感。

除此之外,以敦煌壁画的色彩、故事内容等为核心进行创新都是常见的思路。

 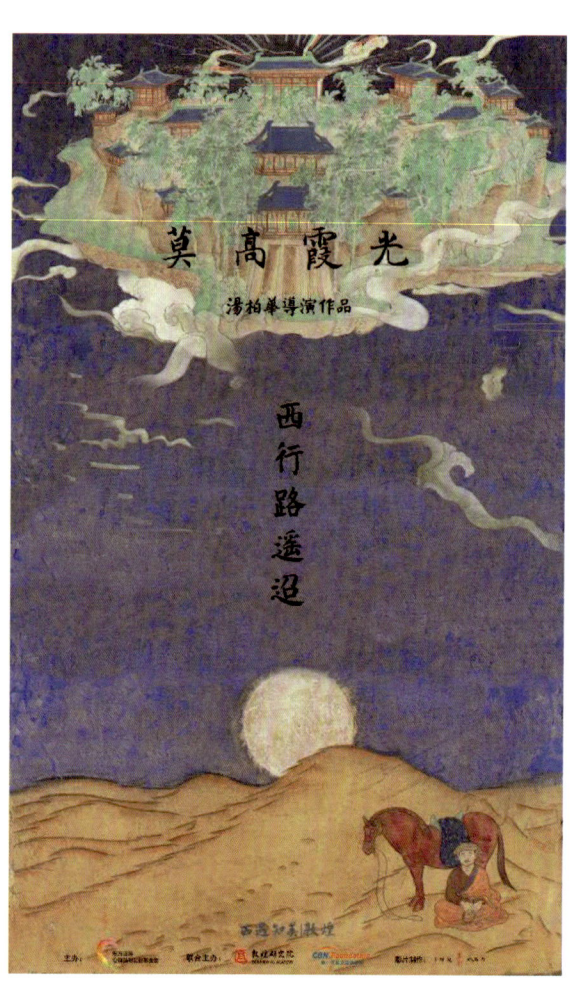

图105 《夏虫国》海报　　图106 《莫高霞光》海报

86　邓佳:《中国神话题材动画片审美特征及对儿童美育价值研究》,硕士学位论文,西南大学,2011年。

如今，敦煌壁画题材的动画层出不穷，类型繁多，主要为两种功能，一为传播，二为介绍。以传播为目的，更多地注重和增加美感和故事性，吸引观众的注意力和好奇心，使敦煌壁画的某一特点停留在印象中。而以介绍为目的，知识性、专业性更强，更重要的是实现科普的目的。例如，微信小程序"云游敦煌动画剧"，手机竖屏就能看的趣味小动画，由敦煌研究院监制，腾讯视频出品，高质量的互动科普小动画收获了很多"小粉丝"。

动画技术同时也在为敦煌壁画的保护提供支持，3D数据库的建设令人充满期待，复制窟的建造也需要建模技术的辅助。甚至在莫高窟景区入窟之前观看的影片就是三维建模软件制作的。在游客进入景区之前通过音画进行简单介绍，让游客带着基本了解和好奇进入洞窟寻找答案，一定会不虚此行。

活化，本是来源于物理化学的词语，置于文化语境中，是将脱离了原本文化和使用环境的传统文化，重新赋予文化意义或使用场景，融入现代生活，使文化以新的姿态"活"起来。活化即是创新的目的。

现在许多人了解到敦煌壁画，并非直接看到敦煌壁画，甚至不是影像图文，而是通过动画捕捉到瑰丽的敦煌壁画元素。藻井图案、敦煌伎乐天，这些文化符号具有识别度，久久停留在人们的印象中，久而久之便埋下了人们对敦煌壁画好奇与憧憬的种子。前往敦煌朝圣的人与日俱增，掩埋这座艺术宝库的黄沙无法阻挡他们的脚步，创新的目的就这样实现了。

（二）敦煌艺术书籍出版在敦煌壁画传承与创新中的应用

科技飞速进步、多元文化发展成熟的今天，传统文化开始面临逐渐消失的危机。敦煌壁画作为积淀千年的佛教艺术瑰宝，文化艺术价值不可估量。除技艺、人才的缺失，文化传播过程中的地域限制外，敦煌壁画的"生存危机"更是有自然与人为的客观现实因素：随着时间的推移和部分不当的保护，敦煌各大石窟内的壁画开始出现变色、脱落、空鼓等损害现象。在保护敦煌壁画的同时，传承与创新也迫在眉睫。

季羡林先生曾说："世界上历史悠久、地域广阔、自成体系、影响深远的文化体系只有四个：中国、印度、希腊、伊斯兰，而这四个文化体系汇流的地方只有一个，这就是中国的敦煌和新疆地区。"

敦煌壁画可以说是深厚历史文化交汇的表现形式之一。如此底蕴丰富的传统艺术要适应多元文化的浪潮，解除"生存危机"，传承与创新便是一个亟需思考的课题。

当今社会，"如何让传统艺术融入新时代"成为引起众多学者、艺术家争议的话题，"传统文化是否能适应新兴科技"是传承创新中需要考量的问题。而书籍作为传统媒介，是敦煌壁画传承创新过程中无法舍弃的路径之一。

1. 敦煌壁画相关书籍出版现状

1935年的一个秋日，常书鸿先生在巴黎塞纳河畔的一个旧书摊上，偶然翻阅了一部伯希和编辑的《敦煌石窟图录》，由此开启了他守护敦煌、传承敦煌壁画的一生。1944年敦煌艺术研究所成立，常书鸿先生带领研究所的同事们开展研究调查，并致力于莫高窟周边风沙治理、清理洞窟流沙、修筑围墙等保护工作。1937年出版的《敦煌画研究》是当时研究人员主要的学习参考图书，它是日本东方学院东京研究所研究员松本荣一先生所著的研究敦煌壁画的专业图书。松本荣一先生长期调查流散世界各地的敦煌绘画，并参考伯希和编辑的《敦煌石窟图录》等资料，分门别类地对各类敦煌绘画进行系统研究，写成了这部极具典范意义的著作，在敦煌图像学研究中起到了极其重要的作用。（图107）

敦煌壁画艺术图书虽在敦煌图书中只是冰山一角，但中华人民共和国成立后，也有不少关于敦煌壁画的图书相继出版。如1957年出版的《敦煌壁画临本选集》是中央美术学院暨华东分院敦煌艺术考察队师生十一人在莫高窟进行三个月考察和临摹的成果。1980年，邢永川的《敦煌壁画速写》以白描的形式描绘了敦煌壁画中的人物、故事等。1989年敦煌研究院和上海人民美术出版社也合编了一本《敦煌壁画临本选集》，刊出了敦煌研究院美术工作者临摹的历代敦煌壁画代表作五十一幅，这些壁画作品具有多方面的代表性，展示了敦煌壁画自十六国至元代一千多年间的风采。近几年如史苇湘、欧阳琳等的《乐舞敦煌》、高山的《再

图107　法国伯希和《敦煌石窟图录》封面

现敦煌》以及敦煌画院编的《敦煌如是绘》，经现状性临摹、复原性临摹、整理性临摹和创意性临摹，展示了多幅敦煌壁画代表作品，《敦煌如是绘》中附有泥本、纸本壁画步骤详解，让读者在欣赏的同时更可以通过尝试临摹来领略敦煌壁画之美。这类画册的作者通过认真且忠实、细致而生动的临摹和描绘，对敦煌艺术知识的介绍普及起到了一定的作用。敦煌研究院副研究员孙志军从1984年开始在敦煌研究院从事石窟摄影工作，他对早期中外探险家、学者和摄影师镜头下的莫高窟影像进行了搜集和梳理，并和团队完成莫高窟258个洞窟的高分辨率数字图像采集，在《世纪敦煌：跨越百年的莫高窟影像》一书中向公众展示了这些珍贵影像。马炜、蒙中编著的《敦煌遗珍》共十册，主要展示了敦煌藏经洞流失海外的绘画珍品并加以解析，利于临摹教学和鉴赏研究。另外，《敦煌壁画分类作品选》《敦煌壁画线描精品集》《丝路遗珍——敦煌壁画精品集》《敦煌壁画复原图》等也都通过摄影或临摹的方式展现敦煌壁画之美。

除临摹画册和摄影图集外，还有一些关于敦煌壁画的技法类书籍和通俗性读物。如，敦煌研究院赵声良的《敦煌石窟艺术简史》按照时代顺序介绍敦煌石窟美术的发展。常书鸿先生的"敦煌三书"是一套关于敦煌石窟艺术、壁画艺术和彩塑艺术的通识性读物，包括《敦煌莫高窟艺术》《敦煌壁画漫谈》和《敦煌彩塑纵论》。其中《敦煌壁画漫谈》选取了多幅不同朝代、不同风格的壁画作品，用专业性与通俗性兼具的表达方法向大家介绍敦煌壁画的绘画技法、艺术题材、图像寓意、佛教故事等。《敦煌壁画史迹故事》《敦煌壁画佛传故事》《敦煌壁画本生故事》《敦煌壁画故事大观》等都是以文学故事的形式来阐释敦煌壁画中众多故事画的艺术文化普及类读物。《敦煌壁画绘画语言研究》一书梳理分析了敦煌壁画的绘画语言，系统解读不同时期壁画的艺术风格、审美特征及其构图、造型、结构、色彩、技法等。《图说敦煌二五四窟》以莫高窟第254窟为例，对敦煌壁画艺术进行深入的解读，引导读者更深层次地领悟敦煌壁画图像背后的故事内涵。以上这类图书在强调学术性的同时兼具了可读性，在语言表达和叙述方式上更符合当代阅读习惯。

另外，还有一些对敦煌壁画艺术与其他相关领域相结合的研究书籍。如，易存国的《敦煌艺术美学：以壁画艺术为中心》结合了敦煌学、艺术学、美学等学科，尝试交叉研究，以敦煌壁画艺术为主体，与建筑、音乐、舞蹈、雕塑、变文等多种领域相联系，进行深入分析与研究。《敦煌壁画艺术与疑伪经》将敦煌石窟中的疑伪经图像进行了较为系统、全面的研究，通过敦煌壁画艺术向读者讲述印度佛教与中国传统文化的碰撞。《敦煌壁画与中国画色彩》从敦煌壁画与传统中国画色彩运用的角度对敦煌壁画进行分时期的研究论述。《非物质文化遗产丛书：敦煌壁画与现代山水画》用当代山水画实践者的视角来解读敦煌壁画的特性及其对山水画创作的启示。（图108、图109）

图108　敦煌出版物之一

图109　敦煌出版物之二

2. 敦煌艺术书籍出版的文化价值和现实意义

敦煌艺术作为佛教艺术，对普罗大众来说可能是神秘的、不易靠近的。但敦煌作为我国佛教文明的宝库，其蕴含的文化艺术价值不可估量。敦煌壁画是敦煌艺术中主要的组成部分，规模宏大、技艺精湛、画面精彩，经过千年的沉淀，对于当今各领域仍然具有丰富的意蕴和借鉴价值。敦煌壁画艺术固然需要保存和保护，但更需要传承和创新，那么，如何在保护现存壁画的同时，又能让公众认识和了解大漠深处的神秘敦煌艺术，是一个值得深思的问题。

书籍是传播传统文化的重要手段之一，中华书局创办人陆费逵先生曾在《书业前途之预测》中写道："我们希望国家社会进步，不能不希望教育进步；我们希望教育进步，不能不希望书业进步；我们书业虽然是较小的行业，但是与国家社会的关系，却比任何行业伟大。此项工业为以知识供给人民，是为近世社会一种需要，人类非由此无由进步。"这段话指出了书籍出版对国家社会的重要性。当时新式出版行业的兴起确实推进了中国的新思潮，促进思想、知识、观念的传播，推动近代文化转型与社会进步。

书籍作为文字的载体，还肩负着传达思想的重任，兼具物质和精神上的意义。敦煌艺术书籍作为敦煌文化艺术的传播载体，能将隐匿在西北沙漠中的神秘艺术带入公众视野，揭开石窟的神秘面纱，展现飞天"天衣飞扬、满壁风动"的自由欢快，讲述本生故事中"救苦救难、舍身为人"的慈悲胸怀，具有深厚的文化价值。另外，敦煌壁画丰富的颜色、精美的纹样、成熟的技法对今天的绘画、设计领域都有很大的借鉴意义。

3. 敦煌壁画艺术书籍出版的优势与问题
（1）文化独特性与艺术深厚性

敦煌壁画是包括敦煌莫高窟、西千佛洞、安西榆林窟等的522个石窟窟内壁画，自十六国和北魏时期起出现，到西魏得到进一步发展，于北周时期逐渐成熟，至唐代可以说到达了一个高峰。这些壁画以丰富的题材、生动的画面、精湛的技法、千姿百态的故事形象描绘佛教文化，主要塑造佛的形象，表现佛与人的关系等，寄托良愿，安抚心灵，具有较世俗绘画不同的独特审美特征和艺术风格。如莫高窟壁画中"庄严而俊美的佛像、美丽而慈悲的菩萨、让人神思飞扬的飞天、神秘而狞厉的经变故事、神圣与肉欲交相辉映的宗教变种、充满功德意识的供养人业绩和保留在画幅中的历史记载无不充满了审美的激情和想象，令人心神向往"。经过千年积淀，敦煌壁画展现的不只是生动的佛教艺术，更是中国传统文化历史的深厚记忆。就当前我国敦煌艺术书籍的出版状况看，浓郁的艺术色彩、独特的文化内涵和广泛的地域属性等，都是敦煌壁画艺术书籍出版过程中所具有的独特优势。

（2）传统与现代的融合碰撞

从整体的书籍出版市场来看，以敦煌壁画为题材的书籍量相对较小，在部分领域和地域引发了较多关注，但还未达到大众普及的程度。在多元文化发展成熟的今天，敦煌壁画作为一种传统艺术，合理的创新改造是提升其生命力的重要举措。但通过书籍出版来传播敦煌壁画艺术时也需要面临传统与现代碰撞过程中是否会出现弊端的问题，要适度借助创新方法将敦煌壁画的独特文化和深厚艺术展现出来，需要对不同时期、不同地域的历史文化背景和审美特征等有深度的理解。并且敦煌壁画艺术还涉及佛教考古，因此也需要更加开阔的学术视野。在与现代文明碰撞的过程中，如果对敦煌壁画艺术特性的理解不够，也没有理性取舍，那么在保护与传承创新的道路上也许还会适得其反。

4. 敦煌壁画艺术书籍出版的策略探究

本小节意在综合上述资料梳理与研究，讨论敦煌壁画艺术书籍的出版策略。分别从摄影集、临摹图册、知识与技法类系统性教材、儿童启蒙类通俗性读物、设计参考类书籍等多个角度，论述书籍出版在敦煌壁画传承创新中的可能性和价值，以及需要关注的问题。

（1）敦煌壁画摄影图集与临摹画册

敦煌众多石窟中的壁画由于一些自然和人为的因素出现"生存危机"。技艺的失传、人才的短缺，以及岁月的冲刷和部分人为不当保护，使得敦煌各大石窟内的壁画面临逐渐消逝的危险。许多壁画开始出现变色、脱落、空鼓等损害现象，而现今国内缺少掌握绘制和修复技艺的人才，因此依托科技手段呈现壁画原貌也是保护与传承的重要途径之一。在不损害壁画的前提下利用科学技术呈现敦煌影像，出版敦煌壁画摄影集，保证影像清晰度和专业准确度，有助于将敦煌壁画艺术带入普罗大众的日常中去，让读者足不出户也能领略敦煌壁画之美。（图110、图111）

1954年文旅部的指示称："保护敦煌石窟艺术不使其受到任何损坏是一项重要的政治任务，要重点临摹……临摹是研究工作的基础，也是研究所的基本工作。……对于散处在全国的美术工作者，临摹是他们学习艺术遗产、推陈出新的依据。"研究性地临摹敦煌壁画在保护传承过程中十分重要，应组织具有深厚绘画功底的艺术家、敦煌壁画绘制技艺传承人等进行以保护传承为目的的"客观临摹""复原临摹""整理临摹"，以及在此基础上的"创意临摹"，出版敦煌壁画

图110　敦煌出版物之三

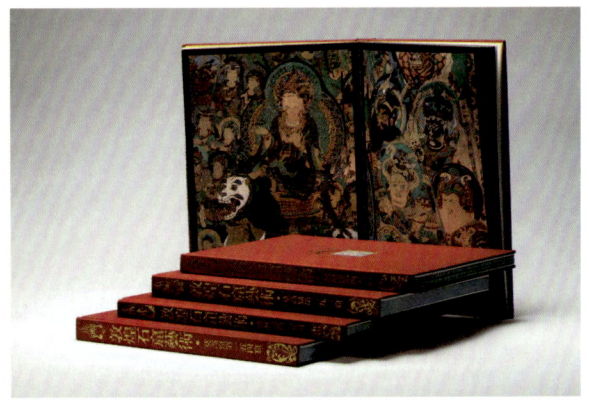

图111　敦煌出版物之四

临摹画册，鼓励青少年、专业学习者以研究学习为目的临摹敦煌壁画并在临摹的基础上尝试创新。

（2）敦煌壁画知识与技法类系统性学习的出版物

敦煌壁画作为传统佛教艺术，历史文化底蕴十分丰厚。因此，需要大量研究敦煌壁画艺术文化知识与绘画技法的书籍，作为学者以及专业院校相关专业的研究参考用书与教材。应组织国内外有深厚敦煌壁画艺术理论素养和技法水平的专家学者，编辑出版敦煌壁画艺术知识系列书籍和敦煌壁画技法系列图书；从敦煌壁画溯源到人文学术价值和现实意义，再到题材和艺术风格、绘制技艺等多个方面讲授敦煌壁画艺术。此类书籍应具有较高的学术性，需仔细策划结构层次，合理布局篇章内容，精心设计排版构图，分角度细致地讲授敦煌壁画造型、色彩、构图、纹样、技法以及艺术文化知识。

（3）敦煌壁画主题儿童启蒙图书与通俗性读物

新时代下，要让保护传承传统文化得到可持续发展，培养青少年创新传承新群体成为有效途径。要让广大民众尤其是青少年受到敦煌壁画艺术的滋润，这类书籍出版就要满足大众需求特别是青少年的特性；要在保证专业准确度和学术性的同时，用更通俗化的表达方式阐释敦煌艺术。敦煌壁画作为具有悠久历史和深厚底蕴的中国传统艺术，要吸引活泼好奇、天马行空、热爱新事物的当代年轻人，就要顺应多元化浪潮，在形式上不断尝试创新。比如，出版敦煌壁画涂色书、敦煌主题的DIY书籍，寓教于乐，让青少年在了解敦煌壁画时更有参与感，更好地培养他们对敦煌壁画艺术的兴趣。另外，可以以立体书的形式介绍敦煌壁画，更有空间感和趣味性，给读者增加一种身临其境的感觉。

（4）基于AR技术的敦煌壁画主题书籍

互联网时代的背景下，关于纸媒与新媒体的争议开始出现，出版行业面临着转型升级的新挑战，生活水平的提升让人们的精神文化需求日益增加，因此书籍出版也应顺应互联网时代的浪潮，借助科技手段来实现图书内容和传播方式的改革创新。AR技术能够让传统书籍中二维的信息转化为三维空间，将现实世界与虚拟情境融合，可以丰富读者的阅读体验。将AR技术运用到敦煌书籍出版中，让读者360度观看敦煌壁画，通过虚拟与现实的结合，将敦煌石窟壁画的空间感和立体感带入平面的书籍。从阅读书籍到体验书籍的转变，可以提高阅读兴趣，也利于敦煌壁画的传承。除虚实结合、立体呈现外，AR技术还可以通过移动终端实现交互效果，如儿童可以通过终端阅读器在阅读书籍的过程中进行一些敦煌壁画创作体验的互动。这同时也起到幼儿启蒙和敦煌壁画传承创新的促进作用。

（5）以敦煌纹样为借鉴的艺术设计参考类图书

易存国在《敦煌艺术美学——以壁画艺术为中心》中写道："如果说石窟艺术在主题内容上彰显了佛教，那么，其形式特征则主要有赖于图案的装饰艺术。"装饰图案在敦煌壁画里可以说是画面中不可或缺的一部分，如敦煌壁画中常出现的众多云纹、饕餮纹、水涡纹、乳丁纹、忍冬纹、莲花纹、卷草纹、如意纹、火焰纹等。而朱砂、石青、石绿、金箔等天然矿物颜料的加持，使得敦煌洞窟中的壁画更加绚烂多彩。敦煌壁画中丰富的传统纹样，体现了独特和深厚的东方审美价值和美学精神。其形式构成和谐统一，蕴含着灵动自由的艺术思想、丰厚的文化内涵、浓郁的情感表达。

敦煌壁画元素已经在建筑、工艺品、文创设计及影视等领域被广泛借鉴，但在利用敦煌元素创新设计的过程中要避免直接提取、直接运用，否则容易出现设计产品类型单一、同质化现象严重甚至有对某些元素理解有误等问题。另外，现有的敦煌壁画主题设计在一定程度上缺乏对元素进行深层次的研究和解读，容易让内涵丰厚的传统艺术浮于产品表面。

因此，梳理敦煌纹样范式和色彩的书籍在建筑、影视、工业等现代设计领域具有重要的意义。比如，出版关于敦煌壁画色彩的书籍，分析敦煌壁画的配色法则，为各设计领域的色彩设计注入传统艺术带来的新灵感。研究敦煌壁画中的传统纹样并出版书籍供设计师参考，让丰富多样的图案应用于现代设计各领域，有利于形成蕴藏中国传统文化内涵的当代设计。再者，敦煌纹样在文创设计、服装设计、建筑设计、影视动画等中的应用，让敦煌壁画图案深入现代生活，能让中国当代设计更具本民族特色，也能让敦煌壁画艺术永葆生命力。

附录

中国香港《文汇报》对"敦煌古法壁画绘制在江南活化"的采访

探寻壁画保护 传承千年技艺

敦煌壁画"活化"江南

（记者郭涛甘肃报道）江南，四季如春，美景如画；敦煌，大漠戈壁，万里黄沙。这两个在地理空间相隔3000公里的地方，如今因壁画联系到一起。在杭州，一幅《九色鹿本生·北魏》大型地仗壁画正在依古法绘制，由中国美术学院教授何鸿和非遗敦煌石粉彩绘壁画代表性传承人王亚林女士合作的"非遗敦煌石粉彩绘技艺实践教学研究课题"开设于中国美术学院，让敦煌壁画在江南得以"活化"。"如果说敦煌是丝绸之路的中转站，那杭州就是丝绸之路的丝绸原点，两座城市有割舍不断的丝路情缘。敦煌时时在护佑着芸芸众生，我们远远回瞻和虔诚朝圣。"何鸿说。

敦煌艺术经典江南再现

中国古代壁画大多在环境气候干燥的北方或西北，南方比较少见到成规模系统的壁画集群，主要原因还是江南水汽湿度大，对壁画保存是较大挑战。如今江南少量残存的古代壁画或潮湿霉变，或起虫害；加之江南壁画的年代大多晚于西北，宋元少见，明清时期较多，重视程度不够，保护起来困难重重。

"其实在十几年前，就陆续有专家、学者在江南实践活化敦煌壁画。"何鸿介绍说。谢成水先生曾经在杭州中天竺大雄宝殿的壁画实践，取得了很好的实践经验和成果，并获得了国家专利。但也有其他壁画如潮湿产生的霉变、地仗开裂和壁面开裂等问题仍然存在。

2018年，何鸿萌生了要复制洞窟的想法，当时考虑的一个是敦煌莫高窟第220窟，一个是新疆克孜尔石窟第38窟，这两个石窟都是以丝路古乐为主题的石窟，可以利用中国美术学院和浙江音乐学院的师生资源，作为教学实践基地，也可以面向社会推广、传播丝绸之路经典艺术。

最终先期活化空间落定在中国美术学院和杭州西湖区政府共同创办的大学生国家创业示范基地——艺创小镇凤凰创意国际，一个荒废的圆形大水泥筒，7米开直径，高约5米。正巧当时敦煌市美术家协会主席王亚林女士在江苏无锡举办画展期间，顺道来杭参观同文空间，于是有了这次合作的契机和缘起。

王亚林说，敦煌壁画在江南活化依循中国美术学院的教学而展开，对于衔接

敦煌藝術「活化」江南 再續絲路緣
兩地共探壁畫保護 傳承千年技藝

▲ 王亞林、何鴻帶領學生考察敦煌顏料山。

▲ 敦煌《鹿王本生故事》古法繪製實錄,王亞林、何鴻等繪製(全圖)。

江南,四季如春,美景如畫;敦煌,大漠戈壁,萬里黃沙。這兩個相隔3,000公里的地方,如今因壁畫而聯繫在一起。在杭州,一幅《九色鹿本生·北魏》大型地仗壁畫正在依古法繪製,由中國美術學院教授何鴻與敦煌石粉彩繪藝術代表性非遺傳承人王亞林合作的《非遺敦煌石粉彩繪技藝實踐教學研究課題》,正於中國美術學院開設,使得敦煌壁畫在江南得以「活化」。「如果說敦煌是絲綢之路的中轉站,那杭州就是絲綢之路的終續原點,兩座城市有着割捨不斷的絲綢情緣。敦煌時時在護佑着芸芸眾生,我們通過回饋和虔誠朝聖。」何鴻說,這樣的壁畫,將兩座城市的歷史文化聯繫在一起,讓我們感受到絲綢之路的精神,也讓我們更加深刻地體會到兩座城市的情緣。

◆ 文:香港文匯報記者 郭濤 甘肅報道 圖片由受訪者提供

中國古代壁畫大多在環境氣候乾燥的北方或西北,南方比較少見到成規模系統的壁畫集群,主要因江南水汽濕度大,對壁畫保存品相大挑戰。如今江南少量殘存的古代壁畫或顏畫殘遺、或起最害,加之江南壁畫的年代大多晚於西北,且不少見,明清時期較少,重視程度不夠,保護起來相對重差。

「其實在十幾年前,就陸續有專家、學者在江南實踐活化敦煌壁畫。」何鴻介紹說,謝成水先生曾經在杭州中天竺寺大雄寶殿開展壁畫實踐,取得了很好的實踐經驗和成果,並獲得了國家專利,但也有其他壁畫仍然因為潮濕產生的霉變、地仗開裂和壁面脫落等問題。

助兩地文化藝術交融

2018年,何鴻應任了要看製複製的邀請,當時考慮的一個是敦煌莫高第220窟,一個是新疆克孜爾石窟第38窟,這兩個石窟都以絲路古地為主題,可以利用中國美術學院和浙江音樂學院的師生資源,作為教學實踐基地,也可以面向社會推廣、傳播絲綢之路經典藝術。

王亞林表示,敦煌壁畫在江南的活化過程依循中國美院的教學附展開,對於敦煌中國美院東方為學的參與興趣,豐富文物保護與保護專業教學拓展、同學展與絲綢藝術有重要的意義,也可以幫助年輕藝術人才在本方的美學體系思想中形成個人特色,同時通過技術性的探索,在南方潮濕的天氣下探索民於壁畫的保護與傳承,在南方城市藝術的浸潤中吸取壁畫發展的因子,激發對敦煌壁畫的表現思想與可能性,進一步推動敦煌壁畫的傳承、保護與發展。

經過項目組的認真討論,開啟了了敦煌壁畫在江南潮濕環境中的第一個活化地仗壁畫探索實踐。選取的材料是敦煌壁畫代表性的經典——以第257窟北魏壁畫《鹿王本生畫》為藍本,畫體故大使具有強烈的視覺衝擊力,以弘揚傳統美感、美善相樂等為主題,將敦煌藝術經典在江南再現。

繪製方法近乎絕跡

2021年4月,正值江南潮濕時的梅雨季節,屋度有微微的霉味,以中國美術學院文物保護與修復系研究生和本科生為主體的《敦煌石粉彩繪壁畫技法研究》活化實踐部分正式開工。

▲ 兩年的實踐讓青年學生更好地了解敦煌文化。

「選取這個時間,也是想一開始就驗證目組成果的判斷。這是我們所遇過最決定的。都是要讓敦煌壁畫在江南經歷最惡劣的氣候環境考驗。」何鴻說。

江南四季的氣候條件,除了冬季略乾燥,都是長時間的潮濕和汗水,這也是為的實踐氣候條件,為製定營造方案提出了挑戰和思考。王亞林說:「敦煌壁畫最重的營造首先是地仗,其中地仗繪的的技藝種碎複雜、畫畫面布色繁多中。其天然礦物質顏料的製作與使用,也充分體現了敦煌石粉彩繪技藝的獨特性和代化代、地仗是支撐壁畫體的基礎顆,也是在江南活化壁畫中最緊迫的技藝所屬。」壁畫的地仗藝、土壤、天然礦物質顏料、麥稻桿等均

◀ 敦煌天然礦物質顏料 ▶ 敦煌天然礦物色原料

由王亞林團隊從敦煌帶來,壁畫的繪製,起稿由王亞林親自主筆,她也帶領學生多肌體翻、全面感受敦煌壁畫地仗製作、風料採集、起稿、繪製等全過程。通過面對實踐讓學生親身教學傳承,讓學生們切身體會敦煌壁畫的神奇與奧妙,為敦煌文化藝術的發展與繁榮起到踐極的作用。

據王亞林介紹,本次在江南繪製的《九色鹿本生》大型地仗壁畫採用了近乎絕跡的技藝手法,使用了敦煌當地天然礦土和硝石顏料,真實還原了敦煌石窟原有的壁畫獨特外觀。在古代、顏料的原石採集、研磨、製作經過了一個漫長的發展期,不同時期的審定有不同的用途。「了解體量音節種不同纖口的色然屬性和色彩呈現,且以明的了解與聆色要組合力、混合呼代的審美異好,將其運用在繪畫製作過程中。」

活化的前提是技藝傳承

「我們的課程前期是地仗的製作,同學們在老師的指導下幾乎脫了活而,從空麻埠、草泥、砂粒層、粗泥層、細泥層等不到鋪畫層、由於地仗與氣候的濕度、濕度等不可分。每一步的推進都要有精心的配比和不斷的調整,例如繪畫層中要加入高嶺土、敦煌白土或給粉等。每舉程序的多少、材料的相粗薄是影響畫面品質的關鍵。」參與項目的中國美術學院本科生杜清揚、楊濘慶子說。

「敦煌壁畫研究、探索實質實踐是中國美院早期以來教學的重要內容。」何鴻稿、追溯潮湖,從1928年杭州國立藝術院(中國美術學院前身)創辦以來,首任院長林風眠就特別強調跨學學科的重要性,而宣慶國立藝專(中國美術學院前身)畢業的段文杰在抗戰時期毅然前任敦煌莫高窟研究院長,弘揚石窟藝術,並任第二任敦煌研究院院長。

香港是敦煌學的重要陣地

「這是我們傳承敦煌藝術的第一個嘗試,還有許多需要關注的一個嘗試,探索在進行中,希望有好的效果。使這個古老的技藝能夠傳承延續下去。」何鴻擁有更多的人屬注到這一領域,尤其是港澳地區的從事敦煌學研究的相關人士。在他看來,香港也是數煌學的重要陣地,「如饒宗頤先生在敦煌學的研究和實踐領域就有引領作用。

去年8月,香港文化博物館與敦煌研究院聯合舉辦『敦煌——千載情緣的故事』敦煌藝術大展,帶香港觀眾穿越古今,體驗敦煌古老的藝術神韻和魅力。這也是香港自2014年以來第三次舉辦敦煌藝術大展,也是。『如此密集的敦煌藝術展,影響了香港的人文氣質和美學品格,以及對那東文化藝術業非業的態度。』」

王亞林致力恢復敦煌顏料體系

特寫

敦煌壁畫經歷千年而色彩不褪,這種自然突變的情況在畫面上得到了真實的反映,作為敦煌石粉彩繪藝術代表性非遺傳承人的王亞林在近30年的繪畫經歷中,承襲古人、沿襲古法,在原作與臨摹中大量研讀天然礦物顏料,經過多年的探尋和摸索,她和丈夫楊喃籌建立了「敦煌莫高天然礦物顏料工作室」,致力於天然礦物顏料的挖掘傳承與製圖。

經過數十年的腳筆致沙,他們揭開了敦煌周邊地區原本的顏料礦脈,結合純天然礦物石和與傳統工藝,整合的與敦煌壁畫材質相同的礦物顏料,恢復了失傳數百年的敦煌顏料體系,填補了敦煌本土生產傳統顏料的空白,由他們採集、研磨、提純的原汁原味的天然礦物色,在畫面上展現出的材質效果,彌新而古樸。這些傳自敦煌本土色彩的繪畫材料,經過古法加工製作,在多個專業院校進行教學實踐更示範推廣,解決了敦煌壁畫臨摹、岩彩畫創作及敦煌型塑色的材料難題,為使藝術傳承,王亞林親自丈夫後帶領她的30多名學生,以及來自全國大專院校師生,走進文興典人礦礦顏料館,傳授採集礦物顏料及彩繪壁畫技藝,這讓貫通融的技藝解決過到臨摹古代壁畫的重要媒介與實踐。

王亞林的代表作《大國之行,觀自在》,《古風心音》等全國藝術大展中新獲多種獎項與榮譽,也曾應邀為湖泉衛星發射中心「問天閣·慶功廳」繪製大型壁畫並被收藏,如今她的作品已經收穫身十四個、神舟十五號載人飛船飛上太空,實現了古代飛天到現代飛天的完美結合。

王亞林說:「敦煌道於是我的文化和作源泉,站著古人的足跡,讓更多的人了解和傳承非遺敦煌石粉彩繪壁畫技藝是我不可推卸的責任,傳承到永,一路不停。」

何鴻30年敦煌文獻收藏之路

▲ 王亞林等人輔導學生做壁畫地仗。

何鴻講述了自己與敦煌的緣分:「我收藏敦煌文獻,源於30多年前在杭州塑料科研處數工,閒暇時他喜愛收藏美和古籍書品,那時的感覺是『滿眼都是寶貝』,讓眼花繚亂而沒錢的,他一直有『故紙』情懷,加上父親的香春家訓《傳承有視野的情』,建子無念諸,從多浙江美術學院,在讀研的大師光的《院讀計算》後,衝澎湃與敦煌有了理解越悟中的交集,每年都愛朝朝聖敦煌成為他的必修課。

何鴻自2015年起陸續開始記錄30多年收藏的敦煌文獻和絲路文獻,同時跨部分敦煌拓本、書影、繪製材料主要包括敦煌經卷、散樓完整、十年間存內地各大城市舉辦開系列書展30場,「我們都是通過古老藝術品的看護者和過客,收藏觸大的最益最尊最也初的初心,服務社會,回到原點堅持下來,根據是一條有益的路徑,藏之有道,觀之有益。」

中国美术学院东方美学的教学体系，丰富文物修复与保护专业教学拓展、回望经典丝路艺术有重要的意义；帮助年轻一代艺术人才的学习与成长找到中国的路径与方法，在东方的美学体系与思想中形成自己的特性与高度；同时通过技术性的探索，在南方潮湿的天气中探索泥坯壁画的保护与发展，在南方的国画艺术浸润中吸取壁画发展的因子，丰富敦煌壁画的表现思想与可能性，依循中国美术学院的"兼容并包"学术思想与艺术高度，进一步推动敦煌壁画的传承、保护与发展。

经过认真讨论，项目组开始了敦煌壁画在江南潮湿环境中第一个泥坯地仗壁画体探索的实验，选取的题材是敦煌壁画代表性的经典，以第257窟北魏壁画《鹿王本生故事画》为蓝本，画体放大，有强烈的视觉冲击力和可视感，以弘扬传统美德、美善相乐等为主题，将敦煌艺术经典在江南再现。

绘制方法近乎绝迹

2021年的4月，正值江南潮湿的梅雨季节，湿度有时高达96%，以中国美术学院文物保护与修复系研究生和本科生为主体实践的《敦煌石粉彩绘壁画技法研究》的活化实践部分正式开工。

"选取这个时间也是想一开始就给项目造成更多的困难，这是我们商议后决定的。就是要让敦煌壁画在江南经历最恶劣的气候环境中经受住考验。"何鸿说。

江南四季的气候条件，除了秋季略干燥，都是长时间的湿热和雨水。这些恶劣的客观气候条件，为制定营造方案提出了挑战和思考。

"敦煌壁画最重要的营造首先是地仗，其中地仗制作的技艺特殊复杂，而画面布色绘制中，其天然矿物颜料的制作与使用，也充分体现了敦煌石粉彩绘技艺的独特性和代表性，地仗是支撑壁画体的最基础层，也是在江南活化壁画中最严格的技艺考验。"王亚林说。壁画的地仗技艺、敦煌土、敦煌"莫高"天然矿物质颜料、敦煌麦秸秆等均由王亚林团队从敦煌带来。他们还带领学生全面感受了敦煌壁画从地仗制作、颜料采集到起稿、绘制等全过程。

王亚林介绍，本次在江南绘制的《九色鹿本生》大型地仗壁画采用了近乎绝迹的技艺手法，使用了敦煌当地天然矿土和矿石颜料，真实还原了敦煌石窟原有的壁画的独特外观。在古代，颜料的原石采集、研磨、制作经过了一个缓慢的发展期，不同时期的画匠们在选材加工中，了解、体验着各种不同矿石的自然属性和色彩呈现，并且按照自己的理解和色彩组合方式，迎合时代的审美喜好，将其运用在绘画制作过程中。

活化的前提是技艺传承

"我们的课程前期是地仗的制作，同学们在老师的指导下亲手动手和泥，从亚麻层、草泥层、砂粒层、粗泥层、细泥层等再到绘画层，由于地仗与气候的温度、湿度密不可分，每一步的推进都要有精心的配比和不断的调整。例如绘画层中要加入高岭土、敦煌白土或蛤粉等。每层用胶的多少、材料的粗细都是影响后期画面品质的关键。"参与项目的中国美术学院本科生杜清扬、杨洋庆子说。

同样参与项目的中国美术学院研究生二年级学生杨璇、刘任慧、吕蓉新也感触很深。杨璇本身为敦煌人，从小受敦煌壁画以及家传的影响，积累了一些对敦煌壁画的摹写经验，并参与敦煌莫高窟第27窟宋代的壁画修复实践活动。"敦煌壁画的绘制材料一般就地取材，地仗层一般用本地泥、沙、麦草等，绘画材料主要取自敦煌三危山的天然原矿土，通过这次古法绘制教学实践课程，我在临摹的过程中，学习了古代壁画的制作程序，对壁画的审美以及材质的应用，有了更深一步的理解，这每一步对我来说都意义非凡。"杨璇说。刘任慧则多次利用暑假来敦煌进行艺术考察，对古代颜料矿点进行实地采集调研等，尝试现状性临摹以便对壁画形成更深程度的了解。吕蓉新成长生活在与敦煌远隔数千里的中原，少有机会领略西北的风景和文化，甚至对于莫高窟这座戈壁沙漠中的艺术宝库的了解，仅仅来源于美术课本上的插图。此次在王亚林老师的指导下，亲身体验了壁画最真实的制作过程，现场观看学习王老师精妙的绘制技法，内心深受震撼。敦煌壁画的活化无疑是敦煌壁画重获新生的唯一途径。人类无法封存壁画的时间，大多数人也许一生难有机会穿过河西走廊，亲眼看见敦煌壁画的精彩，敦煌壁画的活化将带来新的机遇转变。"活化项目中学习的这两年，我深刻感悟到这是值得一生研究的课题。"吕蓉新说。

敦煌壁画的绘制、起稿由王亚林亲自主笔，并且带领学生作为教学实践者参与体验，全面感受敦煌壁画从地仗制作、颜料采集到起稿、绘制等全过程。这种面对面的讲解和传授方式，让学生们切身体会到了敦煌壁画的神奇与美妙，为推动敦煌文化艺术在新时代的繁荣和发展起到积极的作用。

中国香港是敦煌学的重要阵地

"这是我们传承敦煌艺术的第一个尝试，还有许多需要关注的实验、探索在进行中，完成这幅大型地仗壁画由王亚林亲自主笔与把关，具体地仗制作由她的团队成员之一、经验丰富的文海军先生负责实施，绘制所需的'莫高天然矿物质颜料'由杨海涛先生在敦煌进行大地采集研磨提供，希望有好的效果，使这个古老的技艺能够传承延续下去。"何鸿说。

王亚林介绍："绘制这幅九色鹿壁画最先要考虑的就是如何在泥质地仗上制作出如同在墙壁上一般的厚重效果。要做到这一步，地仗的好坏是绘制好一幅壁画的先决条件。如江南土与敦煌土的比较研究、地仗层的硬度透气变化、开裂与壁面的霉变考虑、胶使用的浓度比例大小、画面局部剥落与整体黏合的程度、干湿度的变化对画面的影响、矿物颜料的发色与契合程度、颜色的氧化问题等等都是我和我的团队经过数年的经验积累与实践探讨，必须提前考虑到的。"

在何鸿看来，香港也是敦煌学的重要阵地之一。香港中文大学的饶宗颐先生在敦煌学的研究和实践领域有引领作用。不久前，北京故宫博物院在中国香港落户香港故宫文化博物馆，传统文化与国际金融发展并包，思想自由是中国香港的国际品质和城市品牌。2022年8月，刚刚启幕的"敦煌——千载情缘的故事"敦煌艺术大展，让香港观众穿越古今，体验古老独特的艺术神韵和魅力。这是敦煌艺术展自2014年以来在香港举办的第三次大展。如此密集的敦煌艺术展，不仅说明中国香港城市雄强的人文气质和美学品格，也彰显了中国香港对经典文化艺术的宽容态度。

配稿一：

王亚林：择一事、终一生——绘画与天然矿物颜料的研究及应用

敦煌壁画经历千年而色彩不褪，这种自然演变的情况在画面上得到了真实的反映。作为非遗敦煌石粉彩绘技艺项目代表性传承人的王亚林在三十多年的绘画经验中，承袭古人，沿袭古法，在创作与临摹中大多应用敦煌天然矿物颜料。经过多年的探寻和摸索，她和丈夫杨海涛成立了"敦煌莫高天然矿物颜料工作室"，致力于天然矿物颜料的挖掘、传承与整理。经过数十年的艰辛跋涉，他们摸清了敦煌周边地区众多的颜料矿点，运用传统工艺，以纯天然颜料矿石制作出与敦煌壁画材质相同的矿物颜料，恢复了失传数百年的敦煌颜料体系，填补了敦煌本土生产传统颜料的空白。由他们采集、研磨、提纯的原汁原味的天然矿物色，在画面上展现出的材质效果，弥新而古朴。这些源自敦煌本土本色的绘画材料，经过古法加工制作，在多个专业院校进行教学实践与示范推广，解决了敦煌壁画临摹和岩彩画创作以及敦煌彩塑设色的材料难题。为了让技艺能够传承下去后继有人，王亚林与她先生先后带领她的30多名学生以及来自全国各地的大专院校师生走进戈壁与古人矿坑颜料点进行采集及壁画技艺的传授，让他们深刻感受到临摹古代壁画所具有的重要学术价值和意义。王亚林从艺30多年以来，其代表作《大国之行·观自在》《古韵心音》《传承之二》《传承》《初探》《心象》《祈福和谐》《千秋福娃》《圣迹》等都在全国美术大展中斩获各种奖项与荣誉；应邀为酒泉卫星发射中心问天阁·庆功厅绘制大型壁画并被收藏；举办国内外艺术个人展览及非遗巡展五十余次，先后被《美术》《中国工笔》《中国书画报》《中国艺术家》《人民日报》客户端《非一般非遗》《中国妇女报》等三十多家媒体报道，出版《文心梵境·王亚玲敦煌艺术作品集》《工·无界——王亚林工笔画赏析》。

如今她的作品已搭载神舟十四号、神舟十五号载人航天发射任务飞上太空，实现了古代飞天与现代飞天的完美结合。

王亚林说："敦煌就是我的大学和创作源泉，沿着古人的足迹，让更多的人了解和传承非遗敦煌石粉彩绘壁画技艺也是我不可推卸的责任，传承创新，一路不停。"

配稿二：

何鸿：30年敦煌文献收藏之路

"敦煌壁画研究、探索与实践是中国美术学院长期以来教学的重要内容。"何鸿说。追溯源头，从1928年国立艺术院创办以来，首任院长林风眠先生就特别强调敦煌艺术的重要性，他说："你偶然见到敦煌石窟的壁画，那是东方最好的艺术品。是许多欧洲大画家理想中所追求而没有得到的东西，高更就是最明显的例子。"国立艺专毕业的段文杰先生在抗战时期毅然到了敦煌莫高窟保护石窟，弘扬石窟艺术，并任第二任敦煌研究院院长。

"我收藏敦煌文献，源于30多年前在杭州塑料材料厂务工，闲暇时常逛废品收购站和古旧书店。"那时的感觉是"满眼都是宝贝"，遗憾没地方放和没钱收。一直有"故纸"的情怀，加上父辈的书香家训"传孙有砚胜于田，遗子无金还是福"的影响。1993年我考上浙江美术学院后，爱好更加强烈。在读了美国卡门夫人的《荒漠甘泉》后，渐渐地与敦煌有了某种跨越时空的交集，每年暑假成了朝圣敦煌的必修课。从2015年开始，我陆续整理出版收藏的敦煌文献和丝路文献，出版了《穿越敦煌——美丽的粉本》《穿越敦煌——莫高窟旧影》《敦煌佛影》《敦煌艺术与社会美育》《敦煌绢画与粉本精粹》《如何读懂敦煌》《王圆箓与敦煌艺术年表》《麦积山佛影》《20世纪50年代文化部麦积山石窟勘察文献研究》等。同时将这些敦煌粉本、旧影、藏经洞文献等修复、装裱完整进行展览，2012年以来在国内举办系列展览近30场。2017年以来在韩国首尔、马耳他、马来西亚、新加坡等中国文化中心地举办"敦煌艺术文献展"，并做主题演讲"敦煌艺术之美"。"我们都是这些古老艺术品的看护者和过客，收藏最大的益处是寻回它初始的出处服务社会，回到原点发挥作用。捐赠是一条有益的路径，藏之有道，献之有益。"

参考书目

1. [唐]张彦远：《历代名画记》。
2. [元]夏文彦：《图绘宝鉴》，于安澜编：《画论丛刊》（上卷），北京：人民美术出版社，1962年。
3. [清]王端履：《重论文斋笔录》，上海：上海古籍出版社，1995年。
4. 李昌玉：《奔向千佛洞》，兰州：敦煌文艺出版社，2013年。
5. 关山月：《关山月论画》，郑州：河南美术出版社，1991年。
6. 朱介英：《瑰丽的静域一梦：张大千敦煌册》，北京：北京师范大学出版社，2009年。
7. 叶公超：《叶遐庵先生书画集》，中国台北：汉华文化事业股份有限公司，1975年。
8. 文欢：《行走的画帝》，石家庄：花山文艺出版社，2006年。
9. 施萍婷、邰惠莉：《敦煌遗书总目索引新编》，北京：中华书局，2000年。
10. 沙武田：《敦煌画稿研究》，北京：民族出版社，2006年。
11. 陈高华：《隋唐画家史料》，北京：文物出版社，1987年。
12. 朱介英：《美丽的粉本遗产》，北京：北京师范大学出版社，2008年。
13. 朱介英：《清雅的名士风度》，北京：北京师范大学出版社，2009年。
14. 汪毅：《张大千的世界》（三册），成都：四川美术出版社，2007年。
15. 张大千：《张大千临摹敦煌壁画》，成都：四川美术出版社，1985年。
16. 张大千：《张大千临摹敦煌壁画白描稿》，成都：四川省博物馆，1988年。
17. 张进先：《走向世界的张大千》，成都：四川美术出版社，2012年。
18. 张大千：《张大千谈艺录》，郑州：河南美术出版社，2007年。
19. 敦煌研究院：《段文杰敦煌研究五十年纪念文集》，北京：世界图书出版公司，1996年。
20. 敦煌研究院：《敦煌壁画线描百图》，上海：上海古籍出版社，2004年。
21. 敦煌研究院：《敦煌艺术大辞典》，上海：上海辞书出版社，2020年。
22. 赵声良：《敦煌石窟艺术简史》，北京：中国青年出版社，2015年。
23. 赵声良：《敦煌石窟美术史》，北京：高等教育出版社，2014年。
23. [日]松本荣一：《敦煌画研究》，杭州：浙江大学出版社，2019年。
24. 荣新江：《敦煌学十八讲》，北京：北京大学出版社，2001年。
25. 刘进宝：《敦煌学通论》，兰州：甘肃教育出版社，2002年。
26. 马德：《敦煌古代工匠研究》，北京：文物出版社，2017年。

27. 施萍婷：《敦煌石窟与文献研究》，杭州：浙江大学出版社，2015年。
28. 马世长：《中国佛教石窟考古文集》，北京：商务印书馆，2014年。
29. 王惠民：《敦煌佛教与石窟营造》，兰州：甘肃教育出版社，2013年。
30. 敦煌文物研究所：《敦煌壁画》，北京：文物出版社，1960年。
31. 欧阳琳：《敦煌壁画解读》，兰州：甘肃文化出版社，2006年。
32. 陈钰、何家蓉：《敦煌壁画故事大观》，兰州：甘肃人民美术出版社，2007年。
33. 周大正：《敦煌壁画与中国画色彩》，北京：人民美术出版社，2000年。
34. 邢雯雯《敦煌壁画绘画语言研究》，北京：新华出版社，2020年。
35. 胡同庆：《敦煌艺术中的人与自然》，北京：文物出版社，2020年。
36. 史苇湘等：《乐舞敦煌》，南京：江苏美术出版社，2014年。
37. 常书鸿：《敦煌莫高窟艺术》，长沙：湖南文艺出版社，2022年。
38. 常书鸿：《敦煌壁画漫谈》，长沙：湖南文艺出版社，2022年。
39. 段文杰：《中国敦煌壁画全集》，天津：天津人民美术出版社，2010年。

附图

敦煌石粉彩绘壁画江南活化历程

材料地仗准备工作（1）
营造阶段（2）
考察学习活化阶段（3）
服务社会（4）

敦煌石粉彩绘壁画江南活化历程
材料地仗准备工作（1）

敦煌石粉彩绘壁画江南活化历程
营造阶段（2）

敦煌石粉彩绘壁画江南活化历程
考察学习活化阶段（3）

敦煌石粉彩绘壁画江南活化历程
服务社会（4）

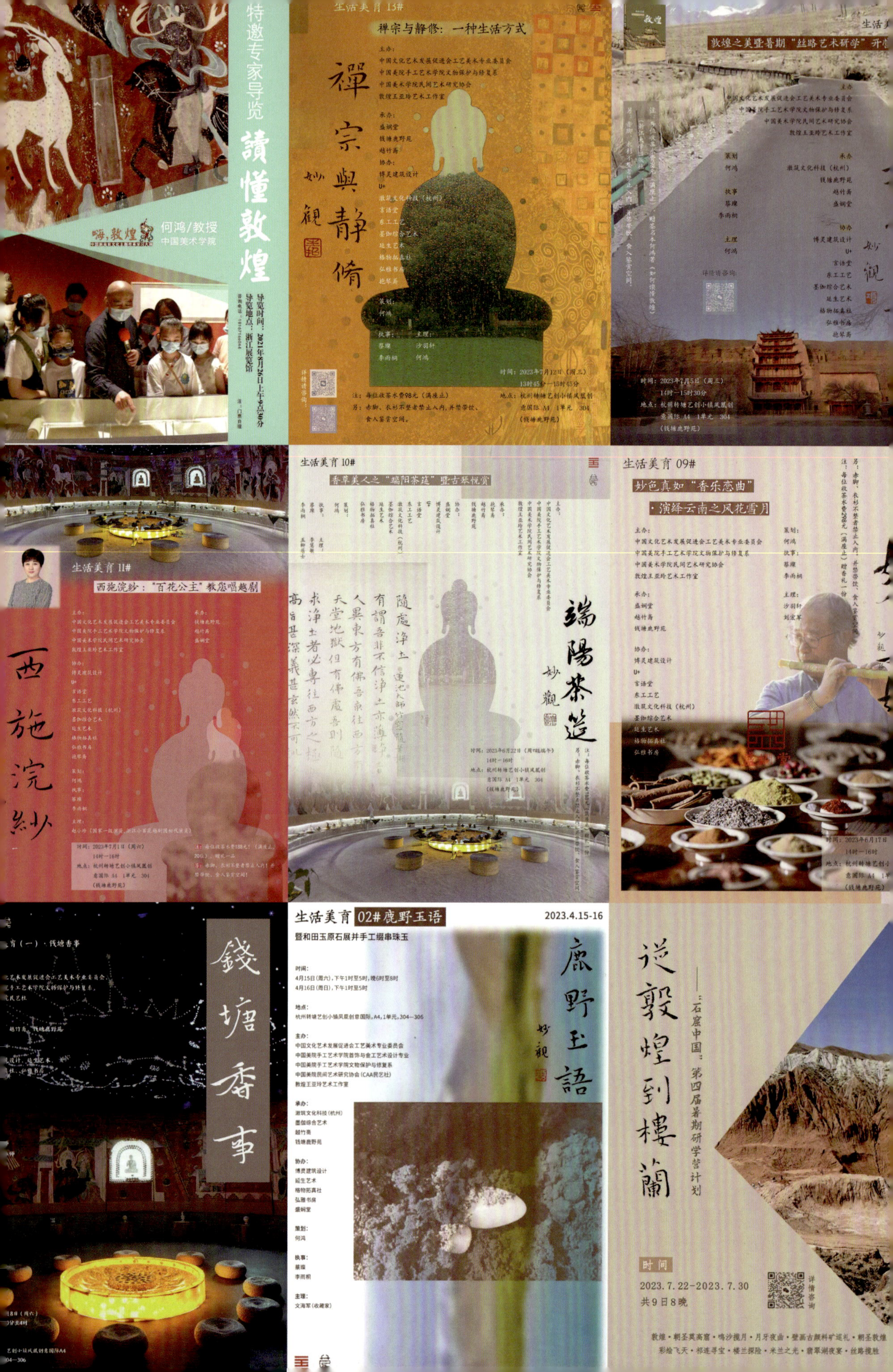

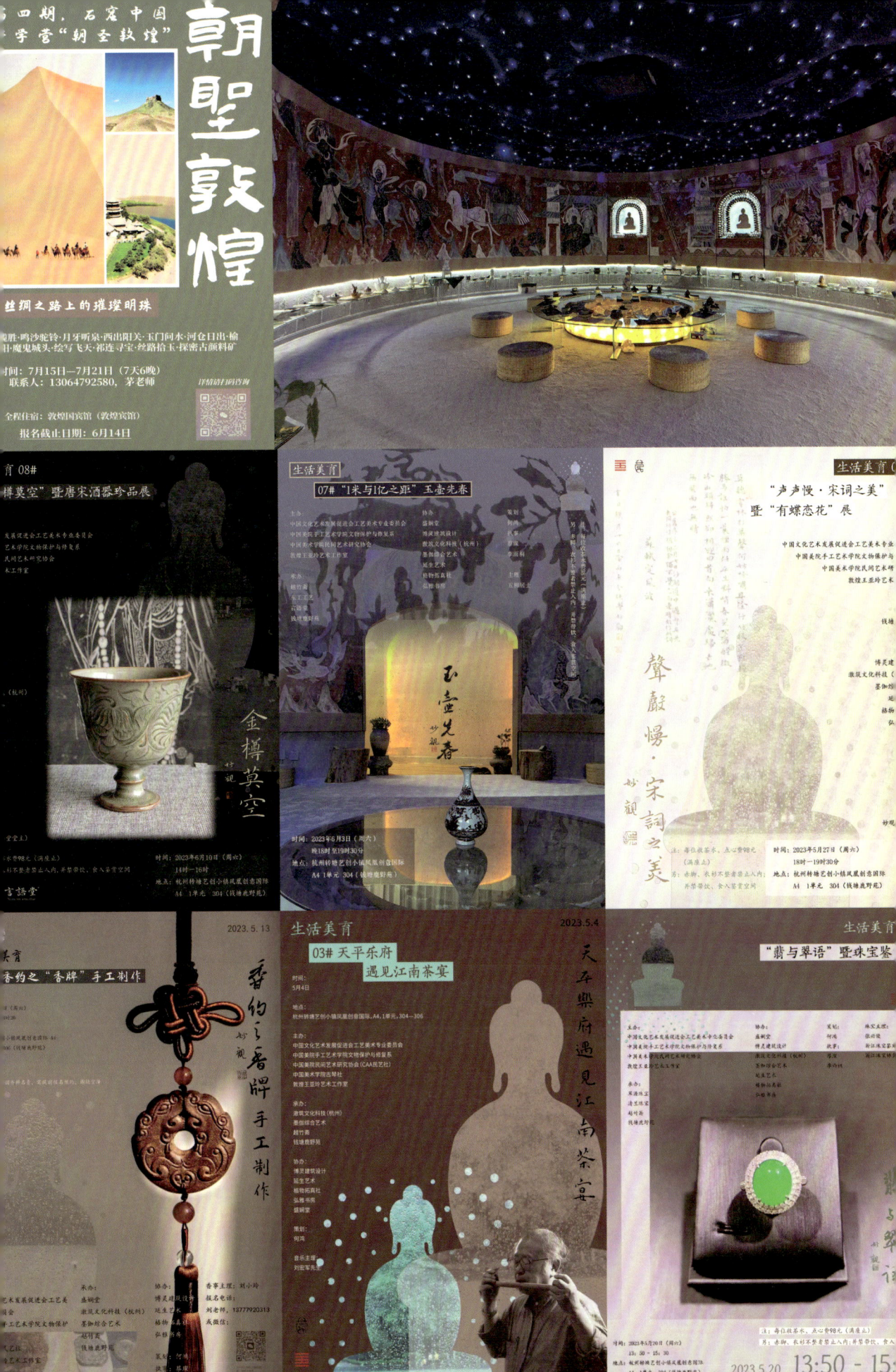

后 记

本著作为中国美术学院文物保护与修复专业"敦煌壁画（石粉彩绘壁画）在江南活化"的浙江省级课题培育项目，由中国美术学院硕士研究生导师何鸿和敦煌美术家协会主席、敦煌石粉彩绘壁画非遗传承人王亚林负责，参与者主要为中国美术学院手工艺术学院文物保护与修复专业研究生团队。主要参与和分工：一、地理环境中的敦煌壁画（何鸿）；二、历史时空中的敦煌壁画（何鸿）；三、敦煌壁画的渊源（何鸿）；四、敦煌壁画的地质结构和地仗构造（何鸿）；五、敦煌壁画的绘画属性（何鸿）；六、石窟内拜佛的秩序（何鸿）；七、敦煌壁画颜料的来源（黄雯）；八、敦煌壁画的颜料构成：石粉及其他（张翔）；九、敦煌石窟及壁画的作者（余潇）；十、敦煌壁画的题材和内容（崔圆珺）；十一、敦煌壁画的粉本画稿（何鸿）；十二、敦煌壁画的颜料氧化问题（徐百卉）；十三、非遗敦煌石粉彩绘技艺的由来（王亚林）；十四、敦煌壁画的绘制技艺（王亚林、杨璇、刘任慧）；十五、敦煌壁画的价值和影响（俞意）；十六、敦煌壁画的创新与活化（吕蓉新、朱徐超）。特别感谢中国香港《文汇报》记者郭涛对"敦煌石粉彩绘壁画在江南活化"项目的关注和采访报道。

责任编辑　章腊梅
执行编辑　金晓昕
装帧设计　李　文
责任校对　杨轩飞
责任印制　张荣胜

图书在版编目（CIP）数据

敦煌石粉彩绘壁画研究与活化 / 何鸿, 王亚林编著. -- 杭州 : 中国美术学院出版社, 2024.1
　　ISBN 978-7-5503-3145-7

Ⅰ.①敦… Ⅱ.①何… ②王… Ⅲ.①敦煌壁画—研究 Ⅳ.①K879.414

中国国家版本馆CIP数据核字(2023)第201446号

敦煌石粉彩绘壁画研究与活化

何　鸿　王亚林　编著

出 品 人：祝平凡
出版发行：中国美术学院出版社
地　　址：中国·杭州市南山路218号 / 邮政编码：310002
网　　址：http://www.caapress.com
经　　销：全国新华书店
印　　刷：杭州捷派印务有限公司
版　　次：2024年1月第1版
印　　次：2024年1月第1次印刷
印　　张：13.5
开　　本：787mm×1092mm　1/16
字　　数：330千
印　　数：0001—1000
书　　号：ISBN 978-7-5503-3145-7
定　　价：78.00元